ゴルフ上達のカギを握る

超ウェッジワーク

延宏

青春新書
PLAYBOOKS

プロローグ

あなたはSWの特性をどれだけ引き出せているか？

ロングホールの3打目は幸いにも花道から。ピンまでは約35ヤードですが、グリーンは奥に向かって下り傾斜。グリーンエッジにふわりとしたやわらかな弾道で約35ヤードキャリーさせることができれば、そこからランでピンに寄る可能性大。

迷うことなくサンドウェッジを選択したあなたは、落とし所のグリーンエッジを見つめながら素振りをし、イメージを確認。そして、イメージが固まると同時にアドレスに入ります。

こんな状況になると、ほとんどのアマチュアゴルファーは5ページの写真「A」のようにオープンスタンス、左足体重、ハンドファーストのアドレスをし、コックを使わずに体の回転を主体にしたスイングでアプローチショットを打つはずです。

ゴルフ雑誌をはじめ、さまざまなゴルフのレッスン書には、「アプローチショットはオープンスタンスにして、左足に体重をかけます。そして、ハンドファーストに構えたら、手首をロックし（コックを使わず）、体の回転を主体にしてスイングしましょう。さらに、両腕の三角形を崩さないようにキープすることでミスヒットが激減します。また、振り幅を8時から4時、9時から3時というように決めておくと、距離感をつかむことができます」

といったことが書かれています。

これはアプローチショットの基本中の基本なので、「A」の打ち方が間違いというわけではありません。特に初心者は、まずこの打ち方をマスターすることがアプローチショットの第一歩だといえます。

ただし、この打ち方は花道など比較的ライのよい状況でないと使えないという側面もあります。

次ページの写真「B」を見てください。多くのアマチュアゴルファーは、このアドレス

[A]

オープンスタンス、左足体重、ハンドファーストでアドレスし、ノーコックで打つ。

[B]

シャフトを垂直にしたショットと同じアドレス（スクエアスタンス、体重配分は5対5、グリップ位置は左足太もも内側の前）をして、コックを使って打つ。

を見て、アプローチショットのアドレスだとは思わないでしょう。

　確かにスタンスはほぼスクエアで、体重のかけ方も両足にほぼ均等配分。また、グリップ位置もハンドファーストにはなっていません。

　しかし、サンドウェッジを正しく打つにはこのアドレスが不可欠です。先の写真「A」のアドレスでは、サンドウェッジの特性を引き出すことができません。

　なぜ「A」のアドレスでは、サンドウェッジの特性が引き出せないのでしょうか。「A」のアドレスでスイングすると、インパクトのとき、カラダのポジションは左サイドになります。すると、必然的にハンドファーストのインパクトにならざるを得ません。そして、ハンドファーストになった分だけクラブのロフトが立つため、サンドウェッジ本来の球の高さが出なくなります。

　つまり「A」のアドレスでは、どうしてもハンドファーストのインパクトになるためロフトが殺され、ロフト角通りの球の高さが得られないのです。言い換えれば、単にアイアンのスイングを小さくしただけの打ち方なのです。

　一方、写真「B」のサンドウェッジの特性を引き出すアドレスは、ロフト角通りの球の高さを得るには欠かせないものというわけです。

「ソール」を使えばバンカーショットはもっと簡単になる

サンドウェッジはロフト角が大きいのでボールが高く上がるという特性があるわけですが、もう一つ、際立った特徴があります。それは、みなさんもご存知のように、ソールに大きなバウンス角が付いているという点です。

可能なら、ご自身のキャディバッグからサンドウェッジとピッチングウェッジを持って来て、それぞれのソールをじっくり見比べてください。メーカーや機種によって多少の違いはありますが、サンドウェッジのソールはピッチングウェッジに比べて幅が広く、バウンス角も大きく、飛び出しているように見えるはずです。

次にその2本を床にソールしてみましょう。ピッチングウェッジのほうは、リーディングエッジと床面の隙間がほとんどありませんが、サンドウェッジのほうは、リーディングエッジと床面の隙間が大きく、リーディングエッジが浮いて見えるはずです。

最後に2本のウェッジのフェースを45度開いて（フェース面をターゲットの右上に向けて）みましょう。きっと、サンドウェッジのほうは開いても座りがよく、フェース面がターゲットを向いているように感じられると思いますが、ピッチングウェッジは座りが悪くフェース面があらぬ方を向いているようにしか見えないはずです。

多くのメーカーがいろいろな研究の成果としてデザインしているため一概にはいえませんが、サンドウェッジは基本的にソール幅が広めで、バウンス角が大きく、リーディングエッジが浮いて見え、フェースを開いても座りがよく構えやすいクラブなのです。

これは他の番手にはない特徴なので、アイアンのスイングを単に小さくしただけの打ち方では、サンドウェッジというクラブの特徴を活かすことができないのです。

ここでたとえ話を一つ紹介しましょう。よくゴルフ雑誌などで、

「ボールの手前2～3センチのところにヘッドを打ち込んでも、バウンス角の大きいサンドウェッジはヘッドが砂に深く潜らず、砂を爆発（エクスプロージョン）させる力が大きいので、簡単にバンカーから脱出できます」

といったことが書かれています。これはまったくもって当然で、間違いではありません。しかしバウンスはソールに付いているため、ソールを使って打てない人には無用の長物でしかないのです。

話は少し戻りますが、先ほどのアドレス「A」は、単にアイアンのスイングを小さくしただけとお話しました。アイアンショットは芝の上にあるボールに直接フェースがコンタクトするため、インパクト時のカラダのポジションが左サイドに入り、ややハンドファーストになってもOKだといえます。

しかし、アイアンのスイングを小さくしただけの打ち方では、いくらゴルフ雑誌で「バウンス角の大きいサンドウェッジは、簡単にバンカーから脱出できる」と書いてあっても、まずバンカーから出すことはできません。その証拠に、多くのアマチュアゴルファーはバンカーショットを苦手としていますし、もし脱出できても方向性や距離感をコントロールすることができないでしょう。

要するに、アマチュアゴルファーはサンドウェッジの最大の特徴であるソール（バウンス）を使う打ち方を知らないのです。

これではいくら高価なサンドウェッジを持っていても宝の持ち腐れ。「モッタイナイ」としか言いようがありません。

ウェッジを正しく使えばドライバーの飛距離が伸びる!?

近代ゴルフスイングの祖であるベン・ホーガンは「サンドウェッジは、ソールを使って打つ」と言い残しています。

私がベン・ホーガンのこの言葉を知り、彼のウェッジワーク（サンドウェッジの使いこなし方）を知ったのは、約十年前のことです。

それまでは、多くのアマチュアゴルファーのみなさんと同じように、アイアンのスイングを単に小さくしただけの打ち方でサンドウェッジを使っていました。というより、この打ち方しか知らない、打てないゴルファーだったのです。

いま思えば、私が研修生時代に所属していた練習場の先輩プロは、サンドウェッジでソールを滑らせる打ち方の名手でしたが、それを見て盗むこともできませんでした。また、先輩プロから論理的に教えてもらうこともありませんでした。

男子プロのトーナメントでキャディをつとめたときには、サンドウェッジでベント芝のサブグリーン上から、ターフを取らずにボールを上げてスピンを利かせるという、プロの技術を目の当たりにしたこともあります。

そんな経験からかなりの月日が流れたあるとき、私はベン・ホーガンの古いレッスン書を読む機会に恵まれました。そこで、今までまったく知ることのできなかったサンドウェッジの打ち方と出会うことになったのです。

それをベースにしながらウェッジの設計を行うクラブデザイナーの話を聞き、多くのツアープロのアプローチ技術を検証することで、ベン・ホーガンが唱えていたウェッジワークのポイントがぼんやりと見えてきたのです。

霞がかかるポイントを鮮明にすべく、私はUSオープンに足を運び、生でタイガー・ウッズやフィル・ミケルソンといった世界のトッププレーヤーを観察しました。すると、やはり世界のトッププレーヤーたちも、ベン・ホーガンのウェッジワークを基準にして、サンドウェッジを使いこなしていることが確認できたのです。

視界の晴れた私はさらに研究を重ね、ベン・ホーガンが遺してくれたウェッジワーク技術に、私のオリジナルであるウェッジワーク技術を加え、「永井流　超・ウェッジワーク」を完成させました。

本書では、その「超・ウェッジワーク」がどういったものなのか、どうすれば身につくのかを詳細にお話しするとともに、ウェッジ選びに役立つガイドも併せて紹介します。

1930年にジーン・サラゼンが発明したサンドウェッジというクラブの特性を引き出せる打ち方が身につくと、当然、あなたのショートゲームは見違えるほどスキルアップします。そして、「そんなバカな」と疑うゴルファーもいるでしょうが、ドライバーの飛距離が確実にアップするのです。

その理由は本書のページをめくっていけば、自然に見えてきます。

ぜひ、ご自分のサンドウェッジをそばに置きつつ、読み進めてみてください。

ゴルフ上達のカギを握る超ウェッジワーク——目次

第4章 ゴルフ技術の王道「コッキング」をマスターする　91

第5章　コッキング&ソールを使う技術を自分のモノにする　137

付録　ピッタリの一本に出会える最新ウェッジガイド　161

プロデュース 角田柊二（メディアロード）
編集 宮川タケヤ
本文DTP センターメディア
イラスト みやはらまこと
取材協力 クリスタルゴルフガーデン東松山

第１章

トッププロだけが知っている SWの真実

現代ＳＷ誕生の秘密

ジーン・サラゼンが発明した「バウンス」付きＳＷ

１６００年代には、バンカーからの脱出を目的としたクラブは作られていました。その後、数百年をかけてバンカー用クラブは進化し、その過程で凹面状のフェースを持ったものが主流となりました。凹面フェースは砂はもちろん、深い草むらに沈んだボールもすくい上げられるため、多くのゴルファーから人気を得たようです。

バンカー用クラブが「サンドウェッジ」と呼ばれるようになったのは、１９２０年代後半のこと。この頃のサンドウェッジはまだ凹面フェースで、シャフトは木製のヒッコリー。しかし、ヘッドは全体的に丸みがあり、ソール幅も広く、エクスプロージョンショットを意識したデザインになっていました。

そして１９３０年、ジーン・サラゼンはこのときすでにＵＳオープンと全米プロ選手権のメジャー競技に勝利したトッププロでしたが、バンカーショットを大の苦手としていました。そして、「バンカーショットが上手くなりさえすれば、もっと勝てる」と思っていたのです。

そんなとき、偶然にもサラゼンは飛行機の尾翼にあるフラップにヒントを得て、それまでのサンドウェッジに「バウンス」を付けることを思いつきます。バウンスの効果は絶大でした。いとも簡単にバンカーからボールが出るようになったサラゼンは、苦手としていたバンカーショットを見事に克服。後にグランドスラマーの第一号になります。

サラゼンの使うサンドウェッジは多くのプロの評判になり、こぞって彼らはバウンスの付いたサンドウェッジを手にするようになったのです。

ジーン・サラゼンはサンドウェッジを発明したゴルファーといわれていますが、正確には「バウンス」の付いたサンドウェッジを発明したのです。つまり、現代のサンドウェッジの原型が、彼のひらめきによって生まれたわけです。

バウンスが発明される前のサンドウェッジも丸みがあって、ソール幅が広く、エクスプロージョンショットを意識したデザインになってはいました。しかし、この当時のサンドウェッジはロフトの大きいピッチングウェッジのようなもので、ソール幅は広くてもスクープソール気味だったため極めてシャープで、ヘッドが砂に突き刺さりやすいものでした。

このことから、サンドウェッジは「バウンス」があることが最大の特徴だといえ、バウンス、すなわちソール面の使い方をマスターすることで、バンカーはもちろん、さまざまなライに対応できるクラブだといえるのです。

現代サンドウェッジの原型がジーン・サラゼンによって発明された1930年。奇しくも同時期の1931年にプロデビューを果たしたのが近代スイングの祖、ベン・ホーガンです。

サラゼンが21歳までにメジャー3勝を挙げたのに対し、ホーガンの初優勝はデビューから7年も経ってから。初めてメジャーに勝ったのは1946年の全米プロ選手権で、このときホーガンは34歳でした。19歳でプロデビューしたホーガンは初優勝までに7年、そして初メジャー制覇までに15年を要しましたが、初優勝後はトッププロといって差し支えな

凹面フェースのサンドウェッジ

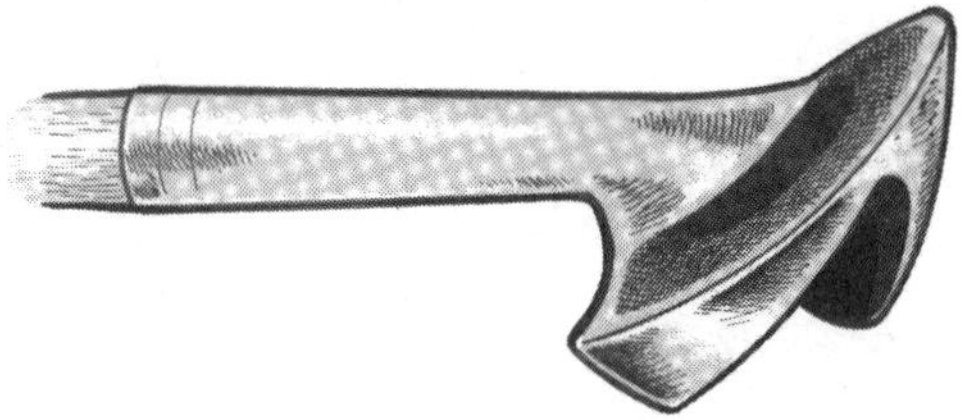

ジーン・サラゼンが発明したウイルソンR90

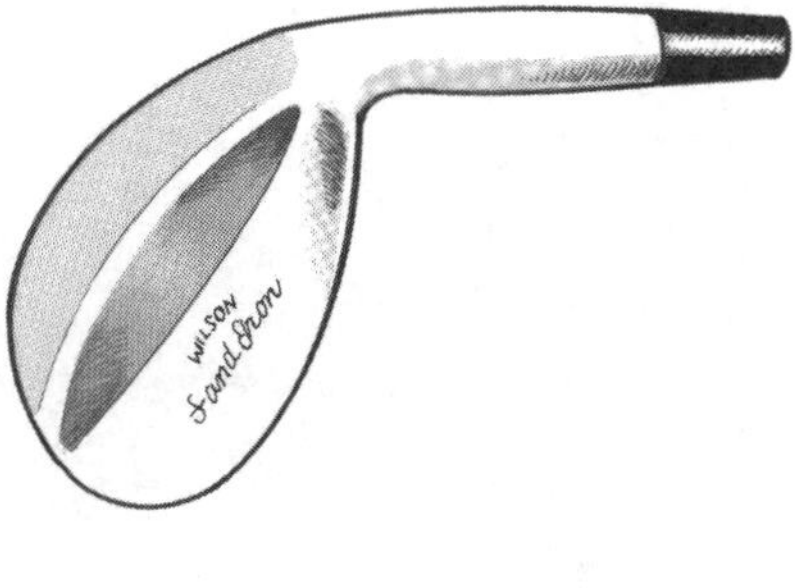

い戦績を残しています。

ホーガンの若い頃のスイングはトップがルーズで、ややオーバースイング気味（当時のクラブが重かったせいもありますが）。なおかつ、フックグリップでトップ位置も若干低めでした。

そのルーズさのせいか、ホーガンはメジャーの大事な場面で大きなフックが出て、何度もタイトルを逃していました。つまり、ホーガンはトッププロではありましたが、まだまだ歴史に名を残す超一流プレーヤーとはいえなかったのです。


そんなホーガンがあるトーナメントへ出場したときのことです。同じトーナメントに出場していたジョニー・レボルタというプロが、コッキング（コック）を上手く使った見事なクラブ捌きで、グリーンまわりからのチップショットを決めていました。

ホーガンはレボルタのコッキングを使ったテクニックに感銘を受けました。そして、これをきっかけにコッキングの研究に入っていったのです。

コッキングを突き詰め、そして体得したことでホーガンは34歳で初メジャーを獲得。その後は、皆さんもご存知のように、グランドスラマーにまで昇りつめたのです。

ホーガン全盛期の写真やビデオを観ると、若い頃にあったスイングのルーズさは微塵もなく、劇的といえるほど変化しています。

たとえ現代のデビッド・レッドベターやハンク・ヘイニーのような超一流コーチが指導したとしても、ここまで劇的に変化するとは思えません。私も同業者としてレッドベターやヘイニーのティーチングスキルは尊敬していますが、彼らのスキルを持ってしても、あれだけルーズなスイングが完全にオンプレーンになり、さらに締まったボディワークに進化するとは想像できないのです。

となると、劇的な変化の源はいったい何だろうと考えた場合、コッキングの技術をマスターしたこと以外、思い当たりません。

なぜコッキングがスイングの基本なのか

数年前、マスターズに６年連続、全英オープンやワールドカップにも出場し、切れ味鋭いダウンブローショットで一世を風靡した陳清波プロに出会ったとき、私にこんな話をしてくれました。

「イングランドのウェントワースで開催されたワールドカップに出場したとき、ベン・ホーガンのプレーを生で見る機会に恵まれました。そのとき感じたのは、彼は非常に完成度の高いコッキングテクニックを持っているということでした。彼の強さの秘密はここだ、と感じた私は、試合のことも忘れるほど、彼のコッキングばかりを見ていました」

　また陳清波プロは自著でも、

「コックができているというのは、ボールを打てる形ができた状態。ですから、コックされなければボールを打ちにいけません」

「コックの大きさ、量はハーフスイングでもフルスイングでも、ほとんど変わりません。ハーフスイングだから、フルスイングの半分でいいということにはならないのです。半分にしたら、ボールが打てなくなります。どの大きさのスイングでも十分にコックして、正面から見て左腕とクラブがL字型になっていることが非常に重要です」

　と述べています。

歴史を遡ってみると、コッキングの技術はレボルタをきっかけに、ホーガンから陳清波プロへと、ゴルフの歴史の中を脈々と受け継がれてきました。したがって、コッキングはある意味、ゴルフ技術の王道だといえるのです。

ところが、一般的にコックを使う打ち方はとても難しいものとされています。ましてや、アプローチショットでコックを使うなど、非常識も甚だしいといった感さえあります。

確かにコッキングを使うことは容易ではありません。トップで左手甲側に手首が折れてしまったり、リリースのタイミングによっては大ダフリをすることもあります。

しかし、アーリーコックやレイトコック、意識的や無意識といった違いはありますが、プロは皆、コッキングを使ってスイングしています。

その理由は主に三つあります。

①ノーコックではリーディングエッジやソールを意図的に使いにくい。つまり、さまざまなライに対応できない。
②ノーコックでは手首のリリース（テコ）がないので飛距離が出ない。

③クラブという道具の特性（シャフトのしなりや重心特性）を十分に活かせない。

もちろん、状況次第ではノーコックで打つほうが適している場合もありますが、ゴルフスイングの基本は「コッキング」を使ったものだということを覚えておいてください。

ソールを使って打つのがSWの神髄

ホーガンの遺物はソールの使い方とコッキング

１９３０年にジーン・サラゼンによって現代サンドウェッジの原型が誕生したわけですが、ホーガンは自著の中でサンドウェッジについてこんなことを述べています。

「まだ、イギリス人のプレーヤーはサンドウェッジの特性を活かす打ち方をマスターしていない。サンドウェッジというクラブの打ち方をマスターすると、難しいライからでも簡単にボールを上げられ、止めることもできる。そのため、ゴルファーはぜひともサンドウェッジの打ち方をマスターするべきだ」

ホーガンがこう述べた時代、ゴルフの本流はまだイギリスにあり、アメリカはゴルフ新興国でした。しかし、アメリカ人のサラゼンがサンドウェッジを発明したため、このクラブの特性を活かす打ち方に関しては、アメリカ人プレーヤーが一歩進んでいたのです。

では、どんな打ち方が「サンドウェッジの特性を活かす」と言ったのでしょう?

ホーガンは、「サンドウェッジはソールを使って打つ」と言ったのです。

ソールを使う、すなわちソールを滑らせて打つことがサンドウェッジの特性を活かす打ち方であり、これができれば難しい状況からでも簡単にボールが上げられ、なおかつ止まるボールが打てるのです。

バンカーが大の苦手だったジーン・サラゼンが生み出したバウンスのついたサンドウェッジは、ベン・ホーガンによってその打ち方が明確になったといっても過言ではありません。そして、ソールを滑らせることと、コッキングをマスターすることによって、アプローチショットはもちろん、他のクラブでもスキルが飛躍的にアップするのです。

ーソールを滑らせるー

ーコッキングをマスターするー

スイングプレーンという概念を生み出し、現代スイングの祖といわれるベン・ホーガンは、我々にこの二つのことを遺してくれました。

次章からは、これらを修得するためにはどうすればよいのか、そのポイントをさまざまな角度から詳細にお話していきましょう。

第２章

レベルアップに不可欠な
「ＳＷのためのスイング」

「ソールを滑らせて打つ」とはどういうことか

SWにはSWだけの打ち方が必要

「ドライバーとアイアンのスイングに違いはあるのですか？」

アマチュアゴルファーの方にレッスンをしていると、よくこんな質問をされることがあります。

「原則的にはドライバーもアイアンも、スイング自体はそれほど変わらないと思っていただいてかまいません。大きな意味でいえば、スイングは一つと覚えておけばいいですよ」

私はたいていこのように答えます。

しかし、いわゆる片手シングルのトップアマや彼らと同程度の技術を持ったゴルファー、そしてプロゴルファーは、無意識のうちにドライバーとアイアンのスイングを微妙に変えていることは確かです。それどころか、プレーヤーによっては5番アイアンと8番アイアンでスイングを変えているという人さえいます。

これをアマチュアゴルファーが実践することは、まず不可能。番手によってボール位置を変えることはある程度必要ですが、プロのように番手ごとにスイングを変える必要はないと考えてよいでしょう。

大きな意味でいえば、ドライバーとアイアンのスイングは同じといえますが、ゴルフにはこれらとはまったく違うスイングが存在します。

一つはバンカーショット。バンカーショットは基本的に、唯一ボールを直接打たないエクスプロージョンショットです（クロスバンカーからのショットは別です）。クラブとボールが直接コンタクトしないので、力学的にみても違うことは明白です。

もう一つはパッティング。パターは転がすことを目的としたクラブなので、他の13本と形状自体が違います。そのため、パッティングストロークがドライバーやアイアンのスイングとまったく違うことは、ゴルファーなら誰でも容易に理解できるでしょう。

では、アプローチショットはどうでしょう。ドライバーやアイアンと同じなのか、それともバンカーやパッティングのように違うものなのか。

アプローチショットは、基本的にドライバーやアイアンのスイングと同じと考えて問題ありません。ですが、もう少し詳しく解説すると、〝アイアンのスイングからは枝分かれしている〟という位置付けになります。

このようにゴルフのスイングには、基本となるドライバー&アイアンのスイングがあり、その傍流としてアプローチショットのスイングが存在します。そして、これらとはまったく別なところに、バンカーショットのスイングとパッティングストロークがあるのです。


サンドウェッジをバンカーショットで使う場合、前述したようにエクスプロージョンショットが基本となるので、力学的に見て別物だということはわかるはずです。ところが、サンドウェッジをフェアウェイやラフからのアプローチショットなどで使う場合は、クラブとボールが直接コンタクトするため、力学的に見て別物にはなりません。

ということは、多くのアマチュアはアイアンのスイングから枝分かれしたミニアイアンスイングでサンドウェッジのアプローチをこなしていることになります。

スイングはどのように分類できるか

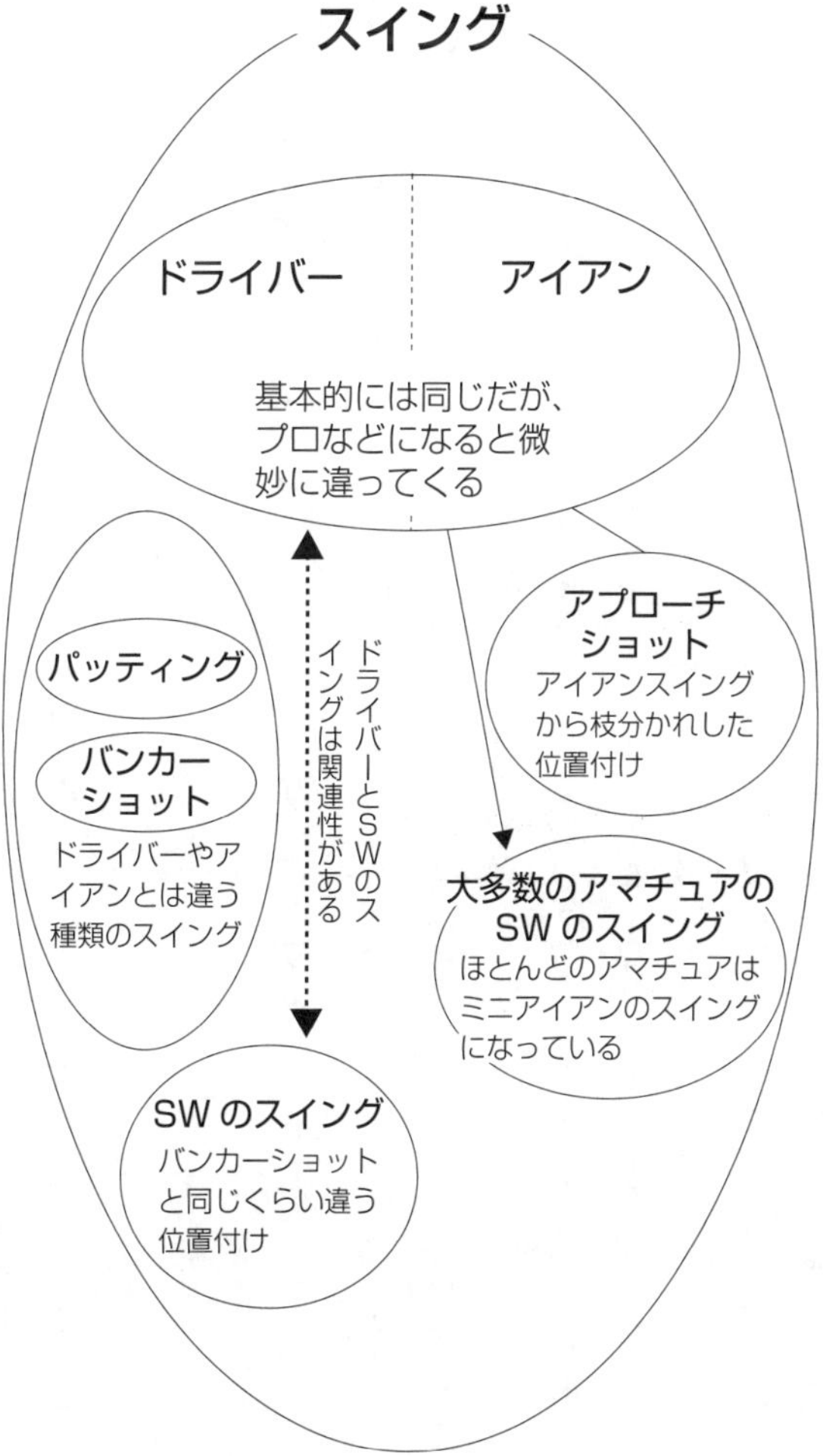

ところが、サンドウェッジにはサンドウェッジのスイング（打ち方）が存在し、このスイングをすることでサンドウェッジの特性が引き出せ、ボールを簡単に高く上げることができるのです。

シャフトがほぼ垂直なときにインパクトするのがアイアンの基本

では、サンドウェッジのスイング（打ち方）とは、どういったものでしょうか？

それはズバリ、ベン・ホーガンの言った「ソールを使って打つ」ということに尽きます。ソールを使って打つとは、「ソールを滑らせて打つ」ことと同じです。

ソールを滑らせることができれば、サンドウェッジの特徴である「バウンス」を活かせるため、ヘッドが地面に突き刺さるザックリのミスもなくなります。またバンカーショットも、簡単にエクスプロージョン（爆発）させることが可能です。

しかし、レベルに関わらず、ほとんどのアマチュアゴルファーはサンドウェッジの正しい打ち方であるソールを滑らせることができていません。アイアンのスイングを単に小さくしただけの打ち方、言い換えれば「ミニアイアンショット」とでもいうような打ち方をしています。

では、ここで基本的にアイアンのスイングがどういうものなのか、簡単に説明しましょう。

次ページの写真を見てください。アイアンのスイングは、インパクト時のシャフトのポジションがほぼ垂直からごくわずかにハンドファーストになるのが理想です。これ以上ハンドファーストの度合いが強くなってシャフトが傾くと、クラブ特性からロフトが立ちすぎた状態でインパクトを迎えることになります。すると、番手通り、つまりロフト角通りの球の高さが出なくなります。

もしあなたがロングアイアン（人によっては6番アイアンくらいから上の番手）になった途端ボールが上がらないと感じているなら、ハンドファーストの度合いが強いスイングになっているのかもしれません。そして、このスイングのゴルファーはドライバーの弾道もかなり低い傾向にあります。

アイアンの理想的なインパクトポジション

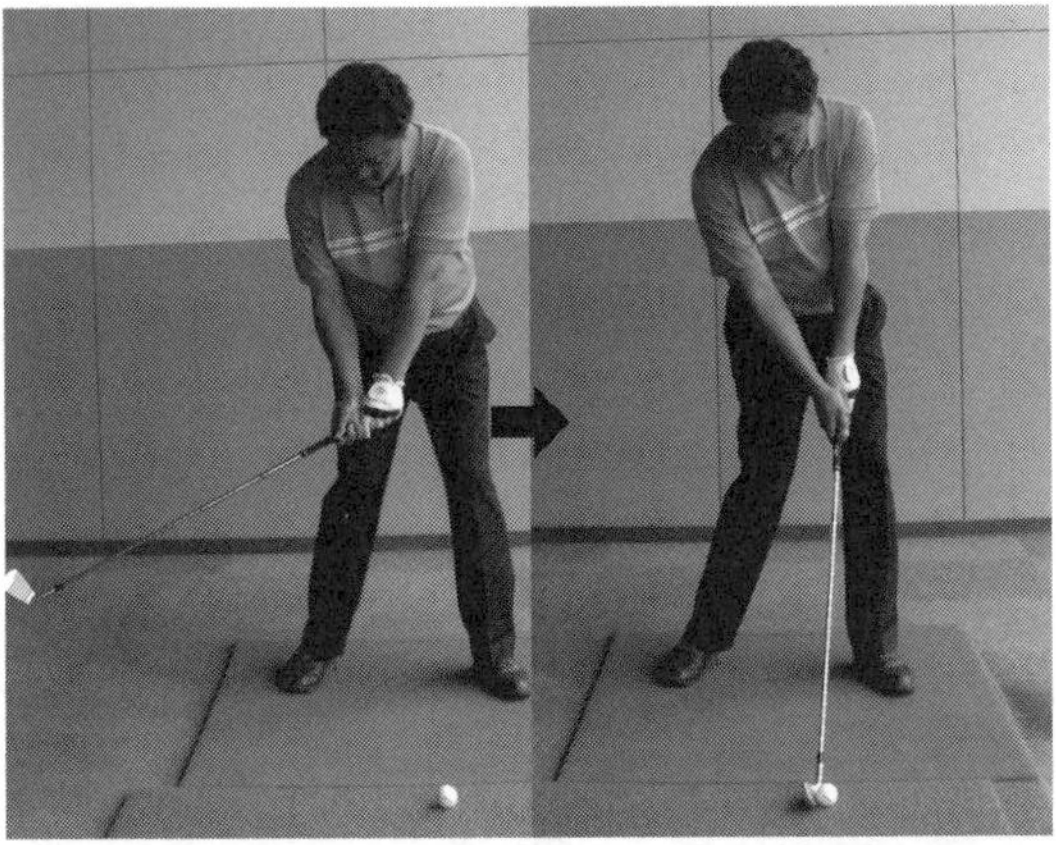

シャフトがほぼ垂直になったときにインパクトするのが理想。これができるとクラブの入射角が緩やかになり、ロフト角通りにボールが上がる。

ハンドファーストのインパクトポジション

アマチュア（特に中上級者）はハンドファーストでインパクトしているため、クラブの入射角が鋭角になっている。これではロフトが立つ（ロフトが減る）ので、低いボールになってしまう。

なぜなら、もともとロフト角の少ないロングアイアンやドライバーをハンドファーストで打つと、さらにロフトが減ってしまい、ロフト角に見合った球の高さが出ないためです。ショートアイアンやウェッジはもともとロフトが多いため、多少ハンドファーストの度合いが強いインパクトでも、ボールはそれなりに上がってくれます（もちろん、ロフト角通りではありません）。

このように、アイアンのスイングというのはシャフトがほぼ垂直からごくわずかにハンドファーストな状態でインパクトするのが理想です。ハンドファーストになればなるほどロフトが立つので、ボールは上がらなくなります。

またアイアンは、いわゆるダウンブローが基本。そのため、ソールを滑らせる打ち方はしません。ヘッドはボールとコンタクトした後に最下点を迎え、その結果、ボールの先にあるターフがとれることになります。

ちなみに、なぜシャフトがほぼ垂直な状態でインパクトをするのが理想なのかというと、ゴルフクラブはグリップの位置とヘッドの重心位置がズレているため、重心距離というものが存在します。

ゴルフの正しいインパクトでは、クラブに重心距離があるおかげで、シャフトを軸としてヘッドが回転しようとする動きが発生します。これに対して、インパクト時のボールの重さが、フェースを開く方向に押し込んでいく動きもあります。つまりこの押し合いを制して、ヘッドをシャフト軸まわりに押し込むことで、いわゆるつかまった強い弾道のボールが打てるのです。

ところが、シャフトが傾いた状態でインパクトを迎えると、ヘッドが回転する働きが引き出しづらくなり、たとえ回転したとしても、ターゲット方向にはボールが飛ばなくなります。つまりターゲットに対してつかまった弾道は打てず、薄い当たりやこすったインパクト、もしくはヒッカケになるのです。

そのため、シャフトが垂直な状態でインパクトをすることが、力学的にみて最もエネルギーが伝わる高効率のインパクトなのです。

インパクトに関しては、既刊の『ゴルフ 超インパクトの法則』（小社刊）でも詳しく紹介しているので、ぜひご一読ください。

「SWで100ヤード飛ばす人」は何が問題なのか

ロフト角通りに打つことが上達への近道

　サンドウェッジの正しい打ち方、すなわちソールを滑らせる打ち方は、まずソールが芝に当たり、その後、ボールとコンタクトするようにスイングします。つまり、スイングの最下点はボールの手前になるのです。このようにいうと、たいていのゴルファーは、「ヘッドがボールに当たる前に芝に当たったら、ダフリじゃないの？」と思うことでしょう。確かに、一般的にはボールの手前にヘッドが入ることをダフリといい、ミスの代表といえます。しかし、サンドウェッジは「ダフらせて打つ」のが正解なのです。

　とはいえ、一つだけ条件があります。それはリーディングエッジがボールの手前に入らないようにすること。リーディングエッジは鋭角なので、ここがボールの手前に入ると地

リーディングエッジが地面に当たるザックリの状態

ハンドファーストのインパクトだと、リーディングエッジがボールの手前に入り、いわゆるザックリになる。

ソールが地面に当たって滑る状態

ハンドファーストにならなければソールが地面に当たるため、ザックリにならず、バウンスの効果で滑っていく。

面に突き刺さり、ザックリになってしまいます。しかし、ソール（バウンス）から地面に入っても突き刺さることはありません。突き刺さるどころか、ソールは滑っていくのです。

では、ソールを滑らせて打つポイントはどこにあるのでしょうか。それはやはり、インパクト時のシャフトのポジションにあります。

シャフトのポジションが垂直、もしくは若干ヘッドファースト気味でインパクトすればよいのです。これならハンドファーストにならないため、サンドウェッジのソール面で最も出っ張っているバウンスが地面と最初に接触し、リーディングエッジは地面から少し浮いた状態になるため、ザックリにはなりません。

そして、バウンスから着陸すれば自然とソールは滑るため、ベン・ホーガンのいう「サンドウェッジはソールを使って打つ」ということを具現できるのです。

また、ハンドファーストでロフトが立つこともないため、ロフト通りの球の高さが手に入ります。

アイアンのインパクト

アイアンのインパクトはダウンブローが基本なので、重心がやや左足方向へ動く。

サンドウェッジのインパクト

サンドウェッジのインパクトは、最下点がボールの右に来るので、アイアンほど重心が左へ移動しない。

サンドウェッジの正しい打ち方ができていないゴルファーは、前述したように、アイアンのスイングを単に小さくしただけの、ミニアイアンスイングになっています。これでサンドウェッジを打つと、ロフトが立ってインパクトをするため球の高さが出ません。

球の高さが出ない理由がミニアイアンスイングにあることがわからないと、何とかして高い球を打とうとしゃくり打ちになったり、意味もなくフェースを開いてカット軌道にスイングする「ニセロブショット」を駆使します。

状況によってはロブショットを打たなければならないこともありますが、サンドウェッジの正しい打ち方をマスターすれば、こういったアレンジやリスクの大きい選択をしなくてもボールは十分高く上がるし止まるのです。

ロフト角通りに打てているかのセルフチェック

あなたのサンドウェッジのスイングがミニアイアンのスイングになっているかどうか、セルフチェックするためのポイントを紹介しましょう。

①ロフト角が58度以上のサンドウェッジを使っている。もしくは買おうと思っている。
②バウンス角が小さいもののほうが好み。もしくは使いやすいと思っている。
③サンドウェッジはバウンス角が小さいことはもちろん、トゥヒール方向ならびに、トレーリングエッジも削ってあり、ソール全体に角がない丸い形状が好み（角があると邪魔だと思っている）。
④「オレはサンドウェッジで100ヤード飛ばす」という人。もしくは、残り距離100ヤードの場面で迷わずサンドウェッジを持つ人。

この四つのうち、いずれかに当てはまる人はミニアイアンのスイングでサンドウェッジを打っている可能性があります。その理由はただ一つ、「インパクト時のカラダのポジションが左サイドで、ハンドファーストになり、ロフトが立ってインパクトをしている」からです。

ロフトが立つと球が低くなるため、ロフト角の大きいサンドウェッジが欲しくなります。

そしてロフトが立つスイングは、フェース面を立てながらリーディングエッジをボールの南半球に入れようとするため、出っ張ったリーディングエッジやバウンスが邪魔に感じます。また、ソールが厚いと深く打ち込めないと感じるため、必然的に角のない丸みを帯びたものや、凹凸の少ないシャープなものの方が使いやすいと感じます。さらに、ロフトが立つということは、一番手、もしくは二番手上のクラブと同じロフト角で打っていることになるため、当然、飛距離が出ます。

このような理由から、右記の四つに当てはまる人は、まず間違いなくミニアイアンのスイングになっているといえるのです。

第3章

ＳＷというクラブの特徴を知り尽くす

各部の役割についての徹底解剖

(1) ソール

ここまで、アイアンとサンドウェッジのスイングの違い、そしてソールを使って打つのがサンドウェッジの正しい打ち方だとお話ししてきました。

どうすれば正しいサンドウェッジの打ち方が身に付くのか、そのドリルを紹介する前に、まずは、サンドウェッジというクラブがいったいどういうものなのか、まずはその特徴を皆さんに知っていただこうと思います。

サンドウェッジ最大の特徴は、ソールに大きなバウンス角がついていることだといえるでしょう。アイアンにもバウンス角はついていますが、それはとても小さく、サンドウェッジの比ではありません。

サンドウェッジの構造

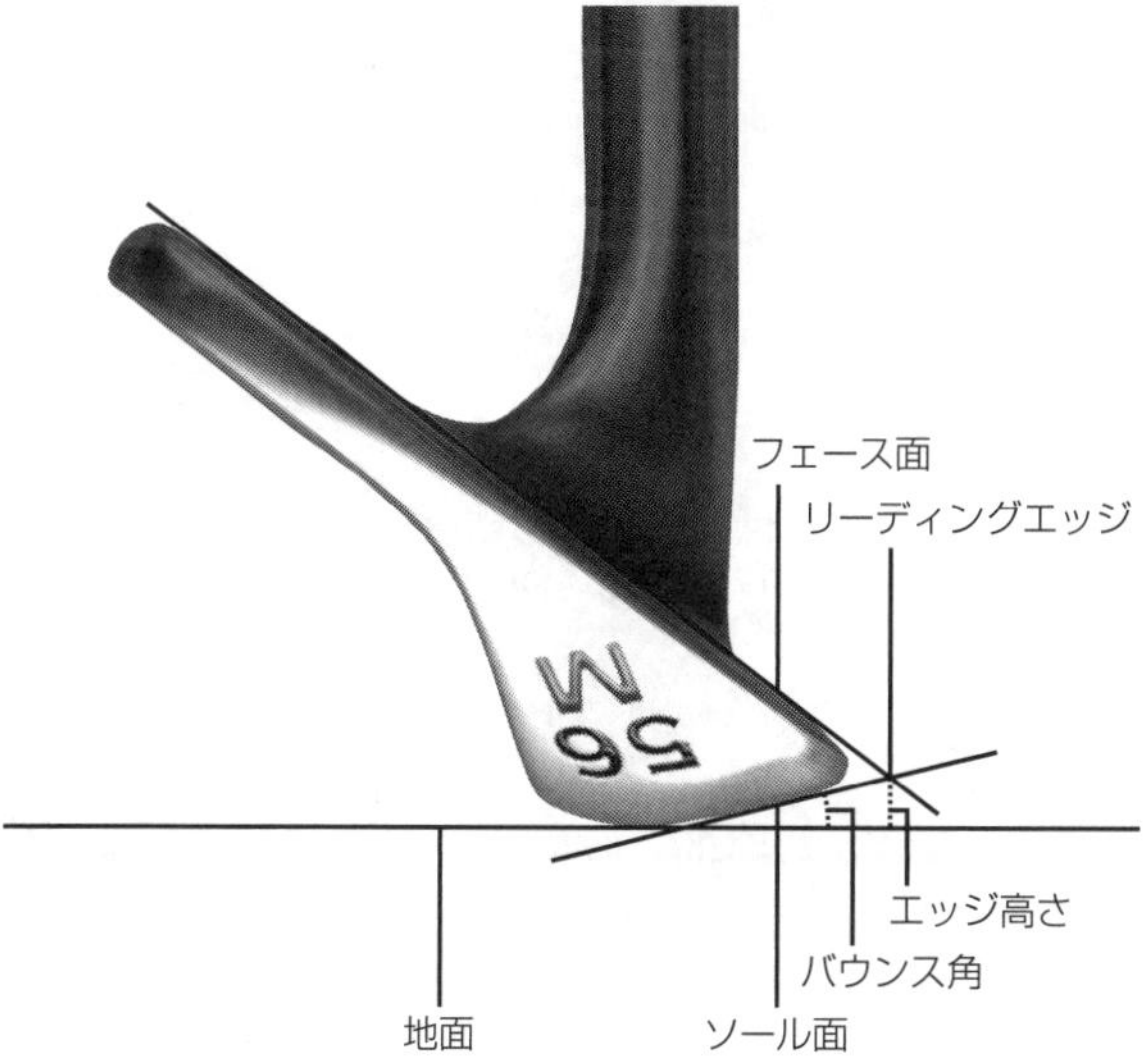

フェース面とソール面の交差したところがリーディングエッジで、地面からリーディングエッジまでの高さがエッジ高さになる。バウンス角は、エッジ高さをどのくらいにするかを決める大切な要素になる。

バウンス角は、リーディングエッジの位置を、地面からどれくらいの高さにするかを決める大切な要素の一つで、地面からリーディングエッジまでの高さのことを「エッジ高さ」と呼びます。

基本的にバウンス角が大きくなると、リーディングエッジの位置は地面から遠くなります。つまり、エッジ高さが高くなるのです。逆にバウンス角が小さいとエッジ高さは低くなります。

バウンス角の次に特徴的なのが、ソール幅でしょう。サンドウェッジのソール幅は、アイアンよりかなり広めにデザインされています。

バウンス角とソール幅は密接に関係していて、一般的にはバウンス角が大きい（ハイバウンス）とソール幅は狭くなり、バウンス角が小さい（ローバウンス）とソール幅は広くなります。

ただし、例外もあります。通信販売で売っているような、バンカーからの脱出だけを考えたお玉のような形状のサンドウェッジは、極端なハイバウンスになっておりソール幅も非常に広くデザインされています。

バウンス角が大きく、エッジが高いモデル

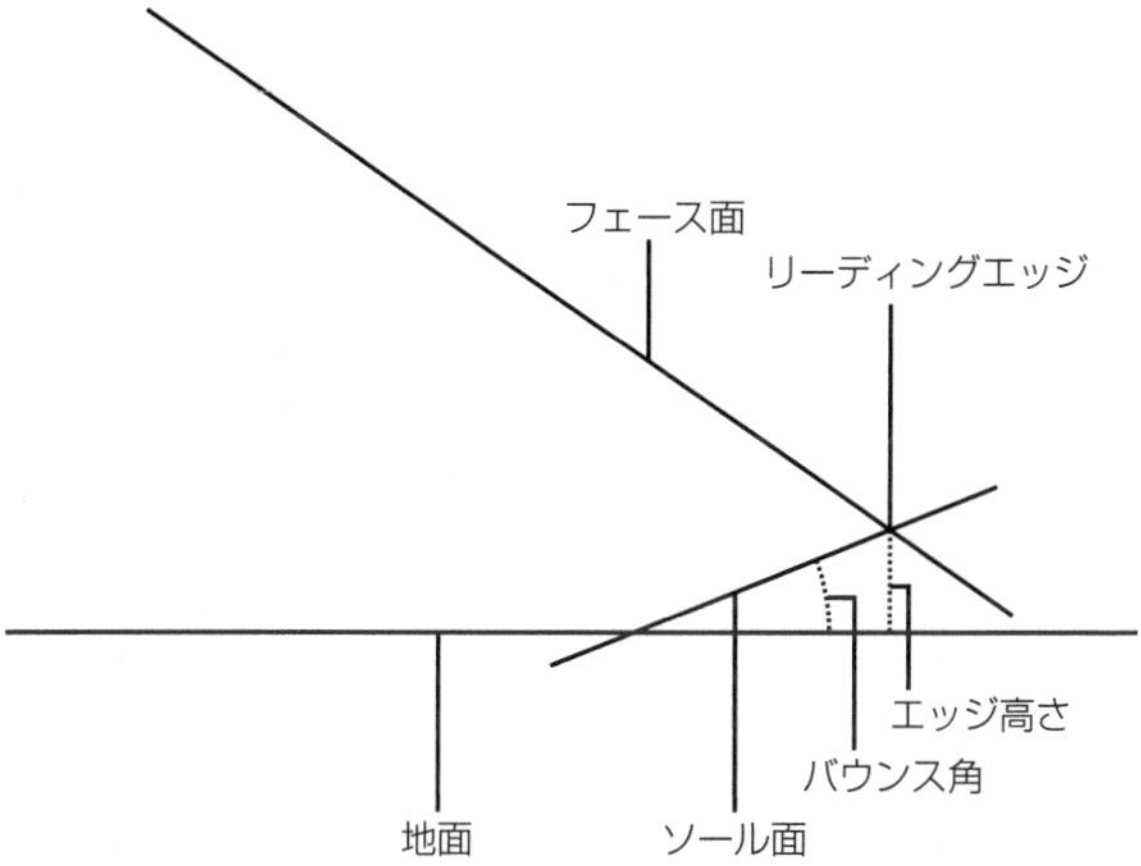

バウンス角が小さく、エッジが低いモデル

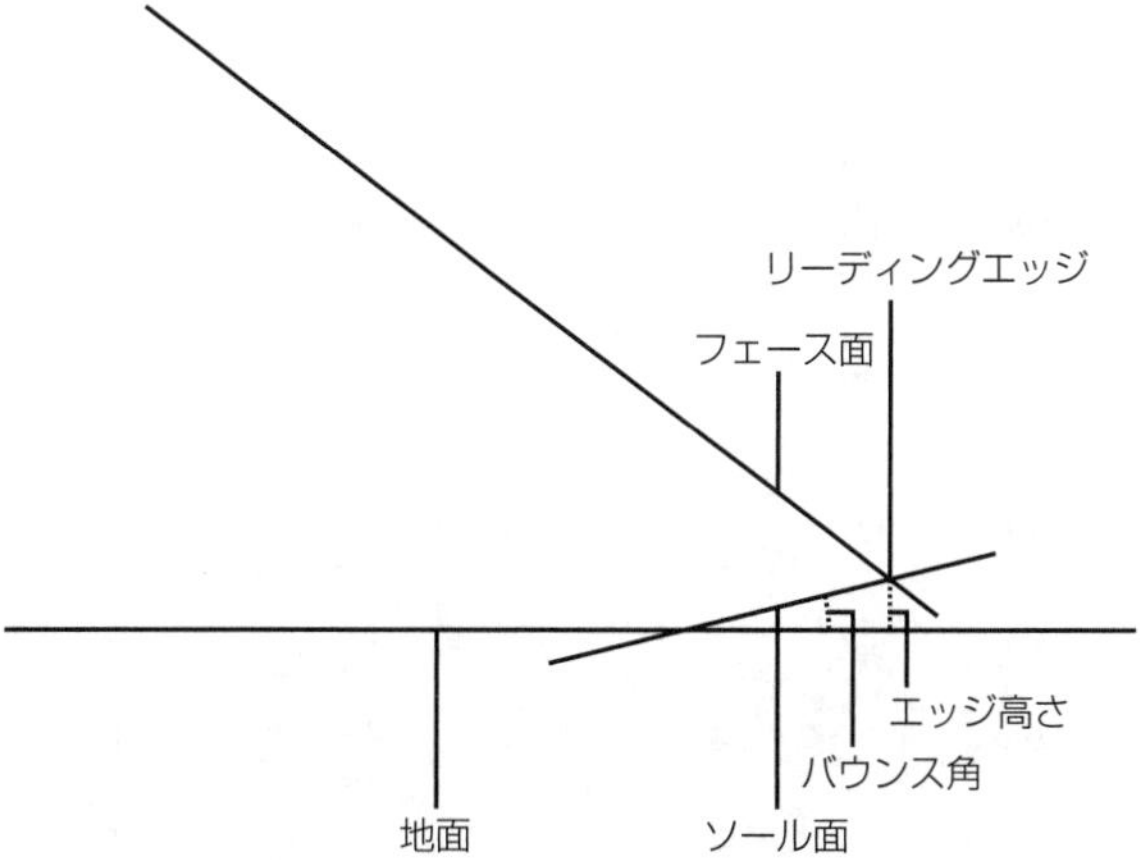

ロフト角が同じでも、バウンス角が違うとエッジ高さが変わる。バウンス角が小さく、エッジ高さの低いほうがシャープなモデルといえる。

このようなサンドウェッジは、リーディングエッジがボールに届く前にソール面が地面とぶつかり、そのときの跳ね返る挙動がとても強いので、フェアウェイをはじめとした硬いライからはまず打つことができません。

跳ね返る挙動が強いというのは、簡単にいえばエクスプロージョンさせる力が強いということです。このことから、お玉のようなバンカー専用サンドウェッジは、簡単にエクスプロージョンさせられるように考えられたものなので、上げて下ろせば誰でもバンカーから容易に脱出することができます。ちなみに、このサンドウェッジの目的はバンカーからの脱出のみなので、ある意味、ユーティリティなクラブといえます。

では、再びスタンダードなサンドウェッジの話に戻ることにしましょう。

基本的に、ソール幅の狭いものは地面に潜りやすい傾向にあります。逆に、ソール幅の広いものは地面に潜りにくい傾向があります。

このことから、ハイバウンスでソール幅が狭いものは締まった砂や硬い砂のバンカーでもソールが砂に潜りやすく、潜ったあとはハイバウンスがヘッドを抜く働きをしてくれる

ハイバウンスでソール幅の狭いSW

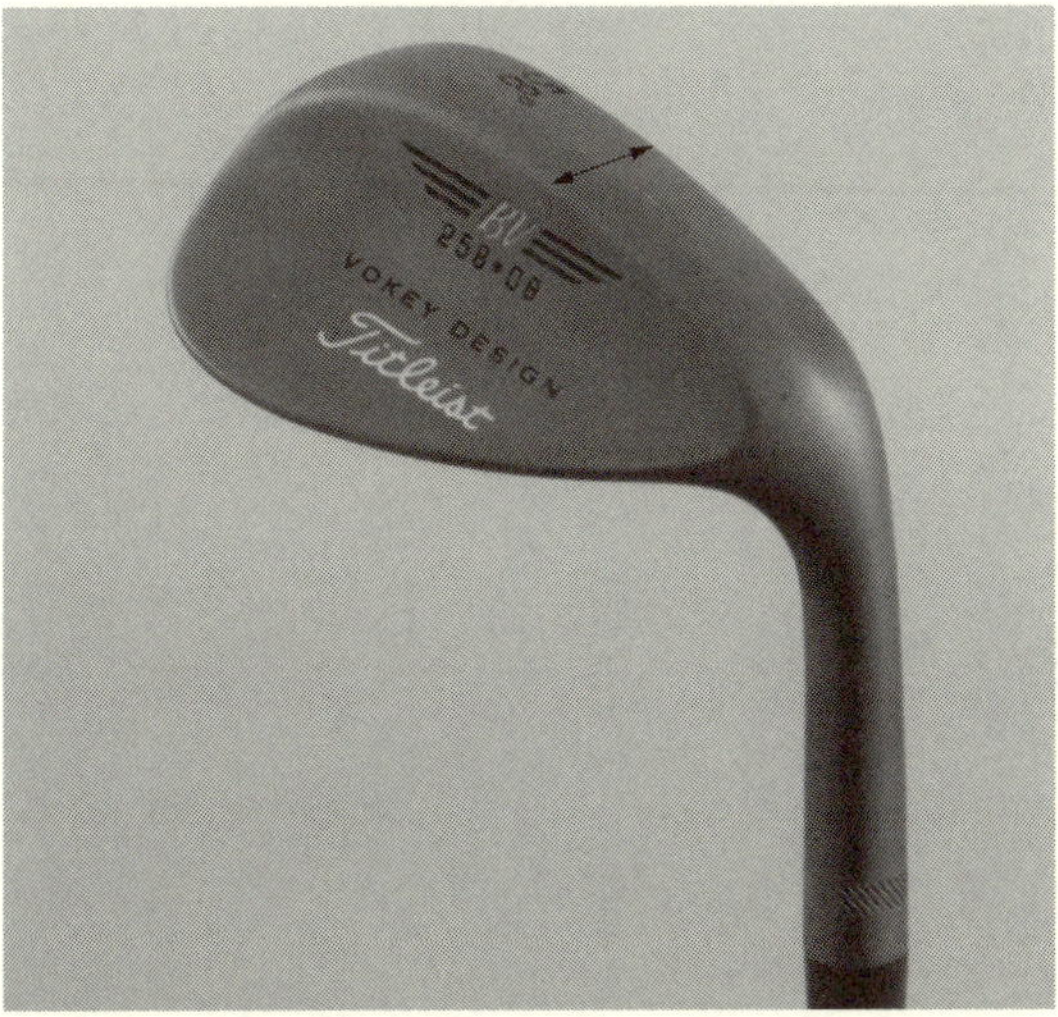

ローバウンスでソール幅の広いSW

ので、そのような状況に適しているといえます。逆に、ソール幅が広いものは砂に潜りにくいため、砂質がフカフカして柔らかいバンカーでもヘッドが潜りすぎず、ローバウンスなので跳ね返りが弱いのでコントロールしやすいのです。

(2) リーディングエッジ

基本的に、ハイバウンスだとエッジ高さは高くなり、ローバウンスならエッジ高さは低くなりますが、これはあくまでも基本にすぎません。実際には、もっと複雑で、さまざまな工夫が凝らしてあります。

その代表がリーディングエッジの「面取り」で、ロフト角、バウンス角が同じでも、面取りの仕方でエッジ高さを変えているものも多々あります。つまり、バウンス角の大きさとエッジ高さが比例しないモデルも存在するのです。

面取りとは、簡単にいうとフェース面とソール面が交差する部分をどう削るかということで、削る幅を多くしたり少なくしたりすることで、ロフト角とバウンス角が同じでもエ

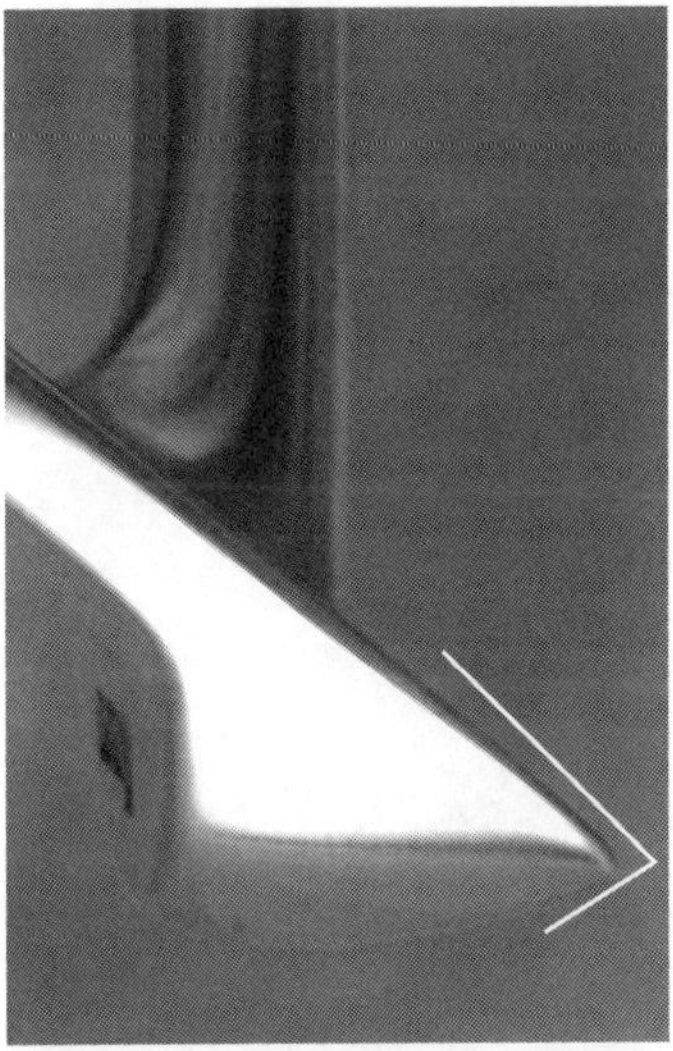

面取りの少ないＳＷ

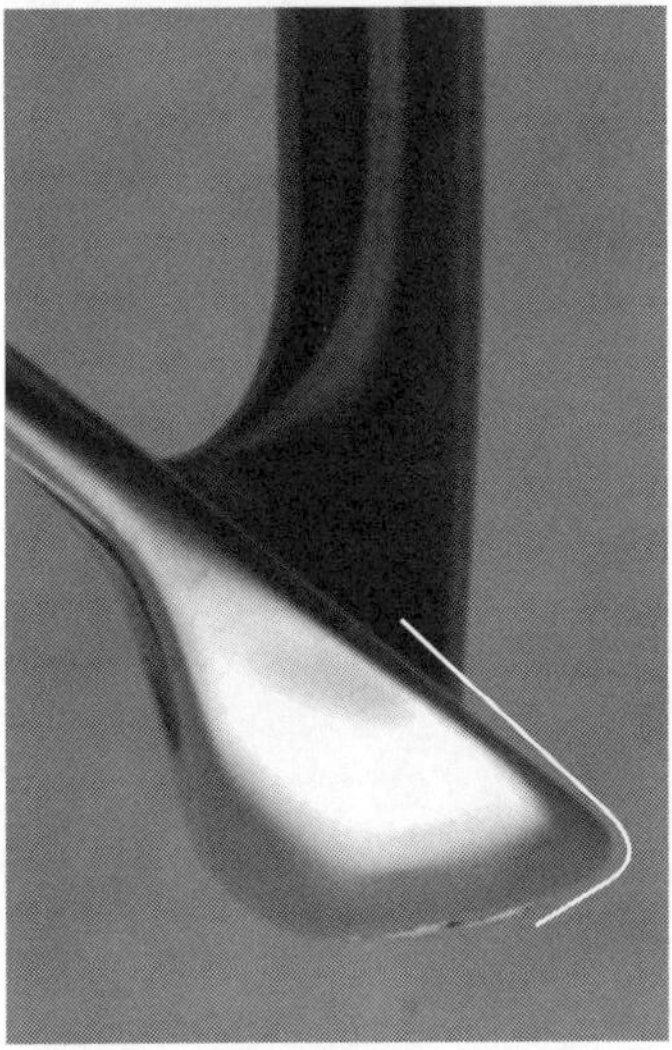

面取りの多いＳＷ

ッジ高さの高いものや低いものができるのです。

次ページのイラストを見てください。これはロフト角56度、バウンス角14度のサンドウェッジです。フェース面の線とソール面の線が交わった（a）の部分がリーディングエッジで、地面からここまでの高さがエッジ高さになります。

このサンドウェッジの尖ったリーディングエッジを（b）（c）（d）それぞれの位置で削り落とすと、削った線とフェース面の交わる「★」の位置がリーディングエッジになり、エッジ高さも変化します。

そして、削り落としたことで（e）という厚みが生まれます。（e）の厚みはクルマでいえばバンパーで、リーディングエッジが地面と衝突しても刺さらずに、ヘッドが抜けていくための補助をします。

下段のイラストは、上段のイラストの（b）と（c）の位置でリーディングエッジの面取りをした場合、リーディングエッジとバンパー部分がどんな形になるかを示したものです。（b）は削り落とす部分が少ないためエッジ高さは低くなり、バンパー部分の厚みと丸み

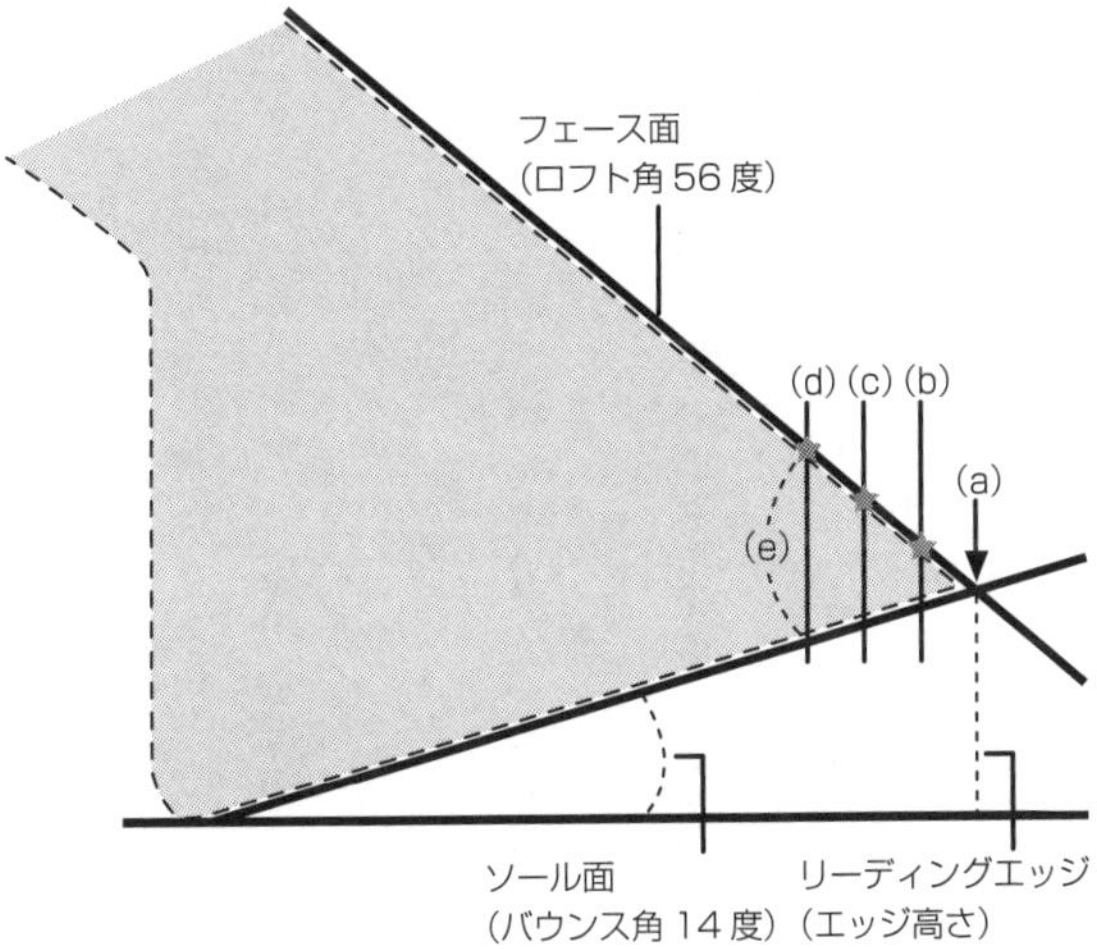
フェース面
(ロフト角 56 度)
(d) (c) (b)
(a)
(e)
ソール面
(バウンス角 14 度)
リーディングエッジ
(エッジ高さ)

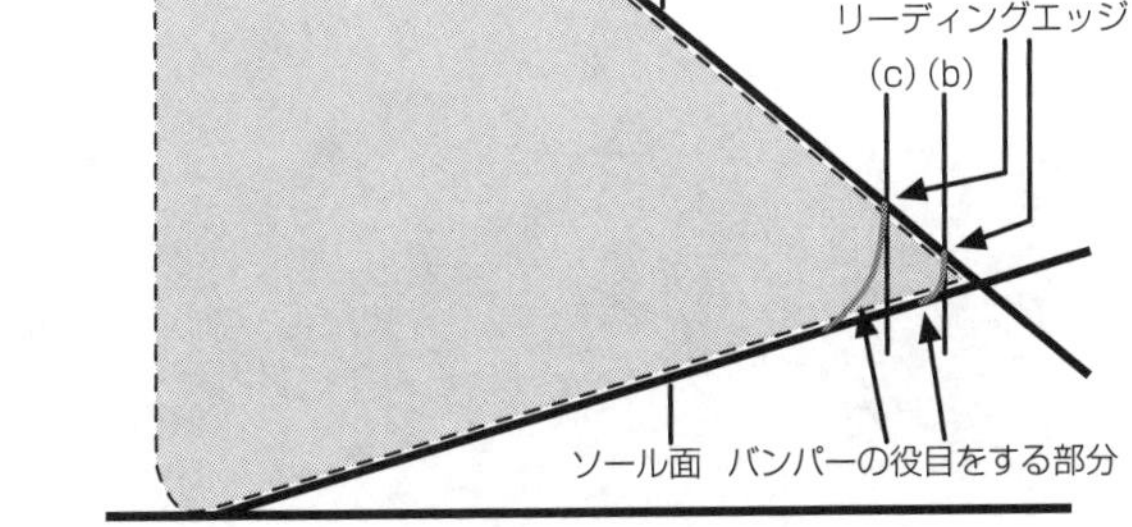
フェース面
リーディングエッジ
(c) (b)
ソール面
バンパーの役目をする部分

が少なくなります。（c）は削り落とす部分が多いのでエッジ高さは高くなり、バンパー部分の厚みと丸みが大きくなります。

このようにロフト角とバウンス角が同じでも、リーディングエッジの削り方＝面取りの仕方でエッジ高さやバンパー部分の厚み・丸みが変わるので、当然、ウェッジそのものの性格も変わってきます。

簡単にいうと、バンパー部分が薄いものはリーディングエッジが鋭く、エッジ高さも低いためシャープなウェッジといえ、リーディングエッジを自分の思ったところに入れていきたい人に向いているといえます。ただし、シャープなので、ちょっとでもリーディングエッジが地面に当たるとザックリになりやすいという性質もあります。したがってこのタイプのサンドウェッジは、クラブを思い通りにコントロールできる高い技術がないと特性が活かせないため、アベレージゴルファーには少々難しいクラブといえます。ちなみにこのタイプを好むゴルファーは、クラブをコントロールしやすいよう、総重量やバランスが軽いものを選びます。

バンパー部分に厚みのあるものは、リーディングエッジが地面に突き刺さりにくいためソールを滑らせて打ちたい人や、アドレスでつくったフェース面を変えずに打つ、オートマチックなアプローチをしたい人に向いています。このタイプはシャープなものに比べて、ある意味、アバウトにヘッドを入れても勝手にソールが滑り、抜けもよいため、比較的やさしいクラブといえ、女子プロはこのタイプのサンドウェッジを使う人の割合がとても高いのです。総重量やバランスはシャープなものより、やや重めが主流です。

しばらく前は、バウンス角が8度前後のローバウンスで、エッジ高さが低く、面取りも比較的少ないシャープなものが人気を集めていました。その理由は、構えたときにリーディングエッジがほとんど浮かないので、トップしないというイメージが湧きやすいからです。

そして、シャープなうえ、ソール面を多面的に削ったものも人気があります。多面的に削ったものは、ゴルフ雑誌などでプロが使用するウェッジをアマチュアの皆さんが見て、「プロはウェッジのソールを削って使う」ということを知り、サンドウェッジはトゥ側や

シャープなＳＷのインパクト

ローバウンスでシャープなサンドウェッジは、ボールの赤道と芝のわずかな隙間にリーディングエッジを入れる必要がある。

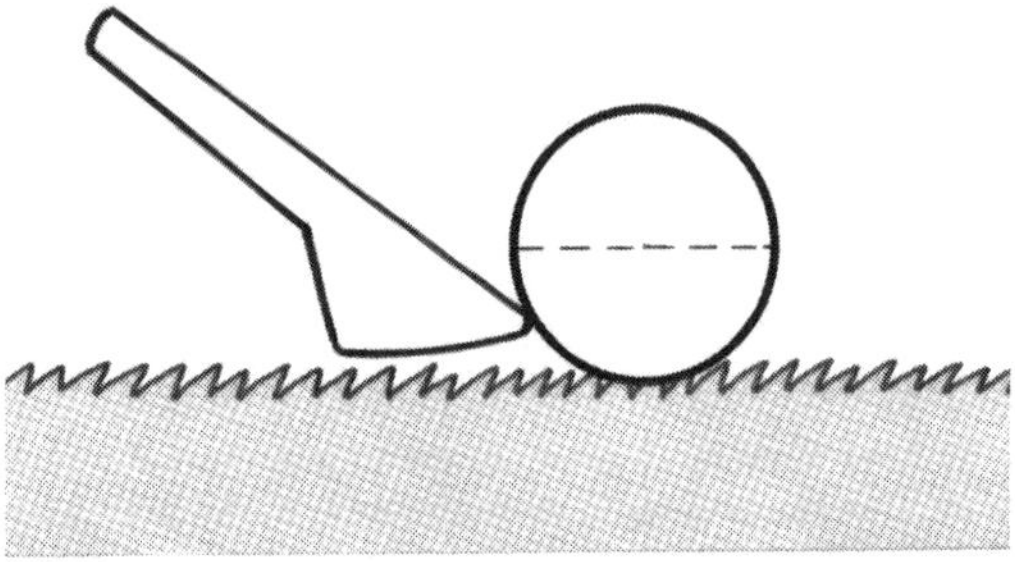

バウンスのあるＳＷのインパクト

ハイバウンスのサンドウェッジは、ソールが滑ればリーディングエッジは自然とボールの赤道のやや下に入るので、スピンの利いたショットになる。

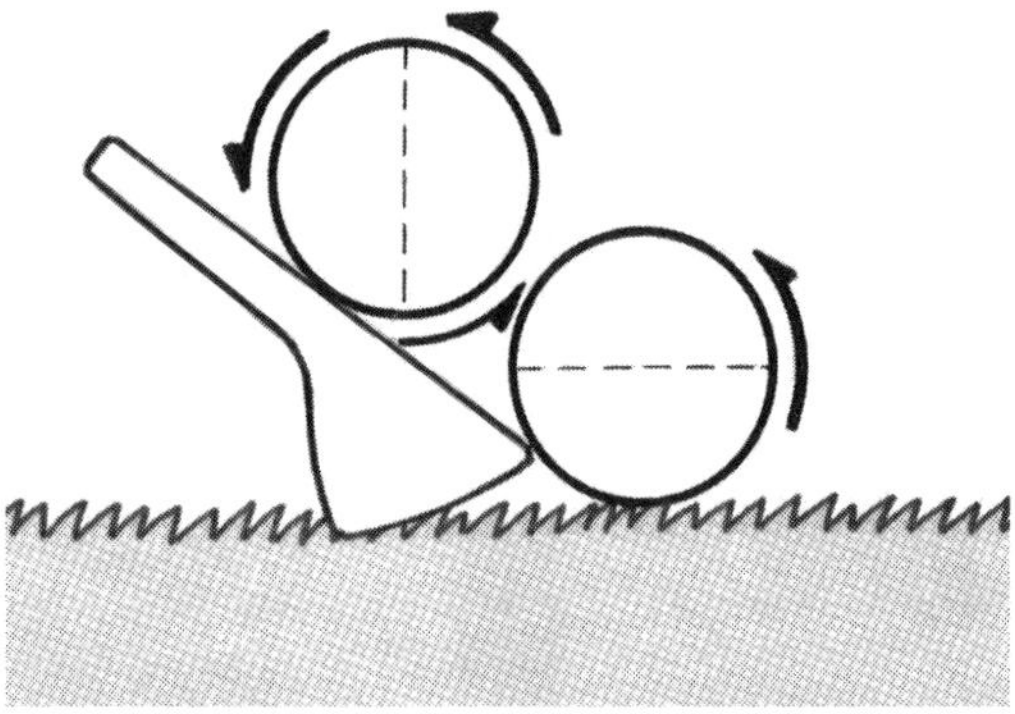

ヒール側を削ったほうがいいとか、カッコイイなどという考えが広まったためです。

ソール面を削ること自体は悪いことではありませんが、ソールを使った打ち方ができない人にとっては、削ってあろうとなかろうと、まったく関係ありません。

プロはソールを使う打ち方をバリエーションの一つとして持っているため、自分好みの弾道や距離感が出るように、それに合わせて削っているのです。

したがって、シャープでソールが多面的に削ってあるサンドウェッジが流行っていて、人気があるからといって購入すると、実際にプレーしたときにミスを招くおそれが高くなるので注意してください。


バウンス角が12〜14度くらいで、ソール面を多面的に削っていないものは最もオーソドックスなタイプです。

このタイプは先に挙げたシャープなモデルとはまったく逆で、構えたときにリーディングエッジが浮くため、トップしそうに見えます。また、ソールを多面的に削っていないので、バウンスが邪魔になり、抜けが悪そうに感じられます。

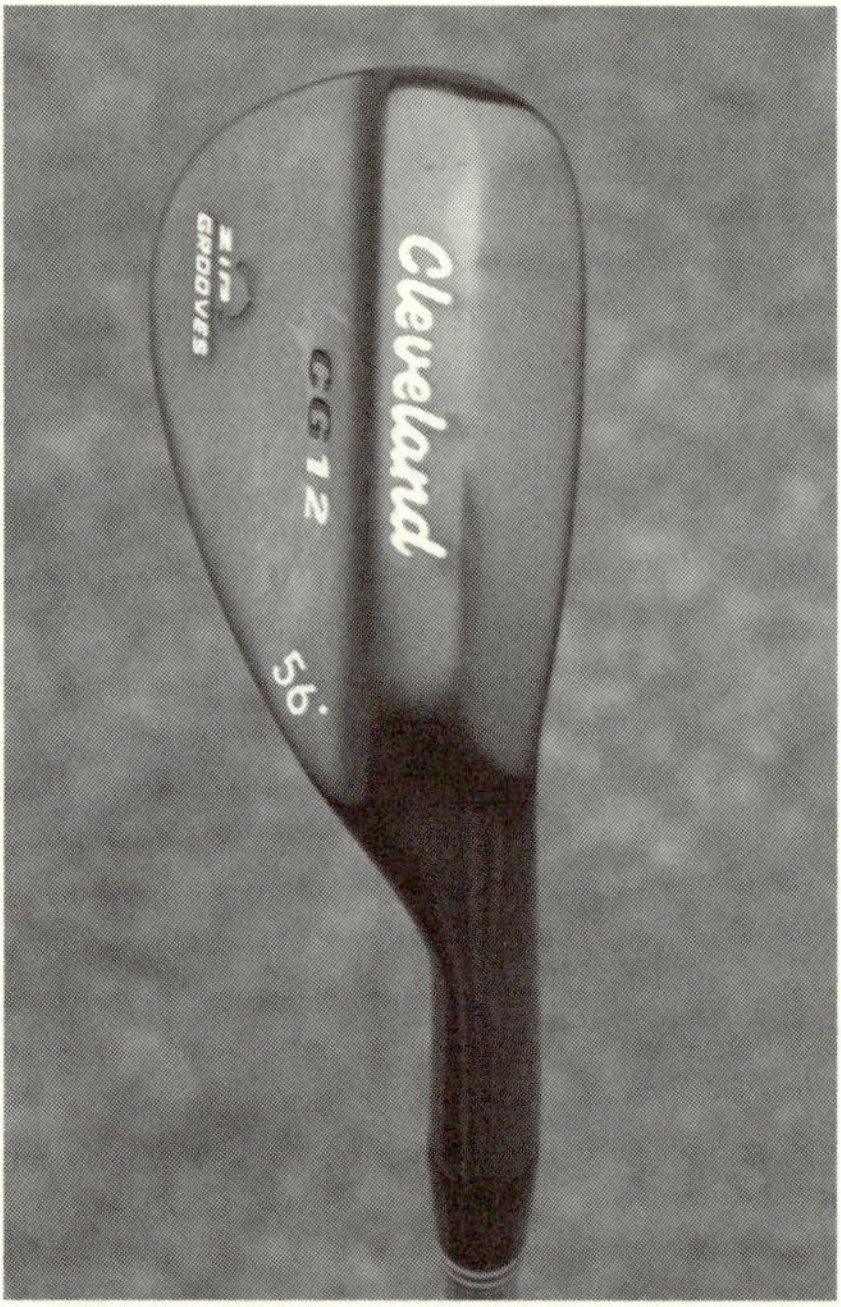

ソールを多面的に削ったサンドウェッジ

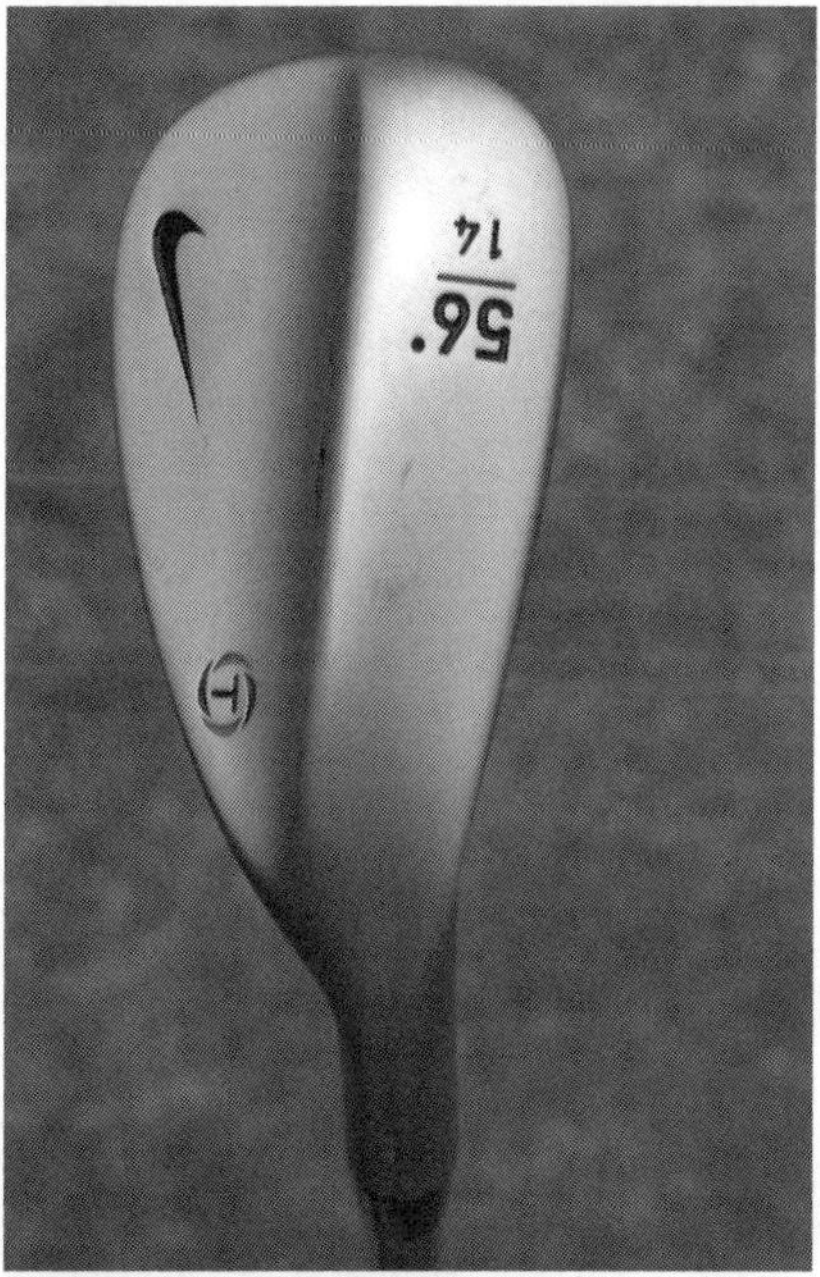

ソールを多面的に削っていないサンドウェッジ

しかし、オーソドックスなこのタイプは、シャープなものよりやさしいクラブです。

次ページのイラストを見てください。これはサンドウェッジのインパクトを表したものです。上がローバウンスのシャープなサンドウェッジで、下がハイバウンスのオーソドックスなサンドウェッジです。

ローバウンスでシャープなサンドウェッジは、ソールを滑らせて打つように設計されていないため、リーディングエッジをボールの赤道と地面の間に直接入れることが求められます。つまり、リーディングエッジがボールの赤道より少しでも上に入ればトップ、ボールの下端より少しでも手前に入ればザックリになります。

しかし、ハイバウンスのオーソドックスなサンドウェッジは、ソールを滑らせて打つことを前提にしているので、滑らせる（ダフらせる）ことさえできれば、リーディングエッジは自然とボールの中央よりやや下に入り、高弾道でスピンの利いたショットが打てるのです。また、バンカーショットでは、その大きなバウンスのせいで楽にエクスプロージョンショットができます。

ネックの長さによるスピン量の違い

ネックが短く、重心位置が低いと、ボールがフェースに当たった衝撃でロフトが寝るので、いわゆる「ポッコン球」になる。

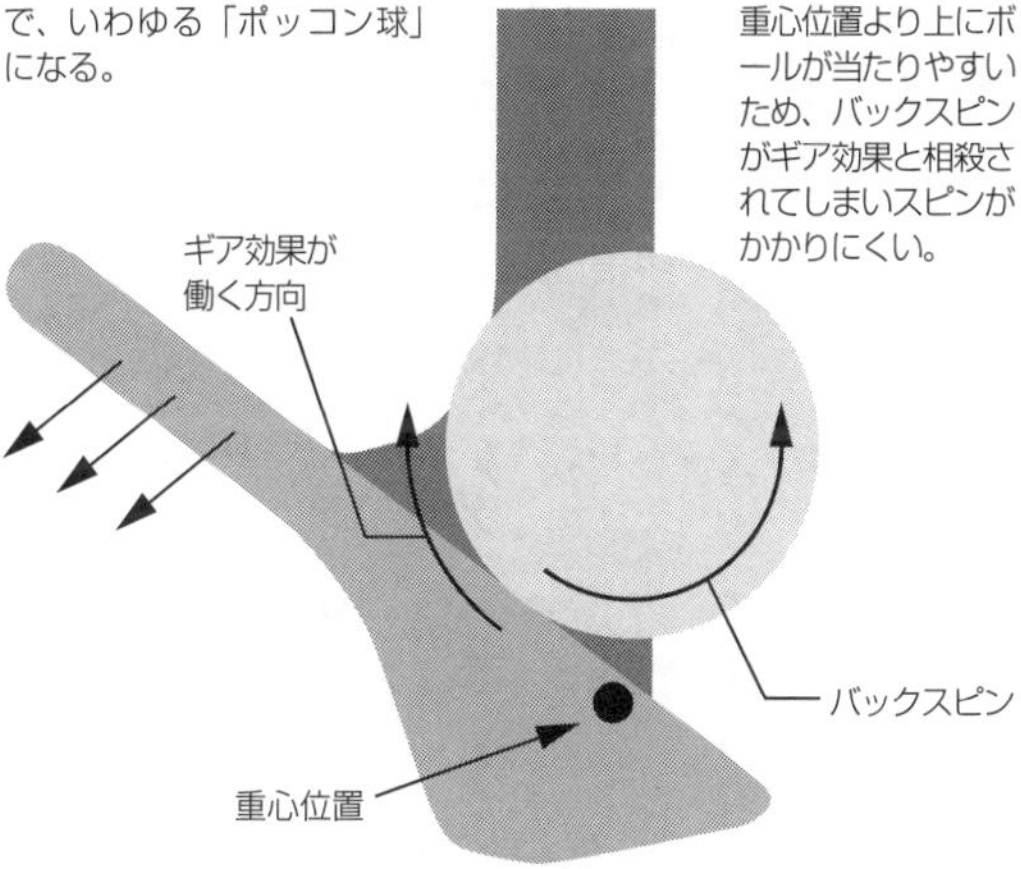

重心位置より上にボールが当たりやすいため、バックスピンがギア効果と相殺されてしまいスピンがかかりにくい。

ネックが長く、重心位置が高いと、ボールがフェースに当たった衝撃でロフトが立つので、高さがコントロールされたスピンの強い球が打てる。

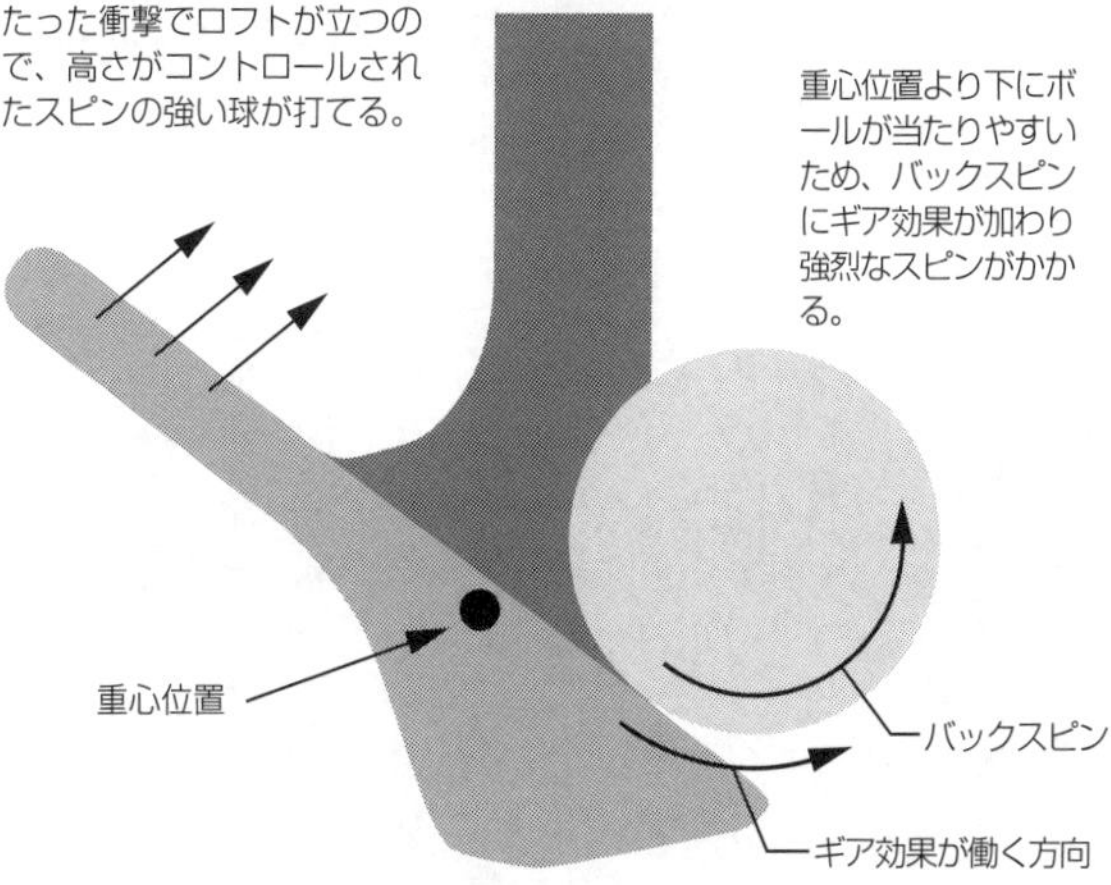

重心位置より下にボールが当たりやすいため、バックスピンにギア効果が加わり強烈なスピンがかかる。

(3) ネックの長さ

ネックの長さは重心位置と深く関係しています。サンドウェッジは原則として、重心位置が高いものがよいのです。ゴルフクラブはどの番手でも、重心位置より上でボールをヒットするとスピン量が減って方向性が悪くなり、その代わりとして飛距離が伸びます(これはギア効果の違いによるものです)。

サンドウェッジは〝飛ばすクラブ〟ではなく、方向性を重視した〝狙うクラブ〟なので、できるだけ多いスピンが求められます。したがって重心位置が高くなれば、重心位置より上にボールの当たる確率が少なくなるため、それだけスピンが期待でき、方向性も良くなります(当然、スピンが増えるので止まる弾道にもなります)。このことから、ネックの長いものは高重心設計で、ネックの短い低重心設計のものよりスピンがかけやすい、かかりやすいといえます。

ちなみに、サンドウェッジはバウンスという重量物がソールについているため、どうしても低重心設計にならざるを得ない部分があり、そのため、もともとフェースが上を向き

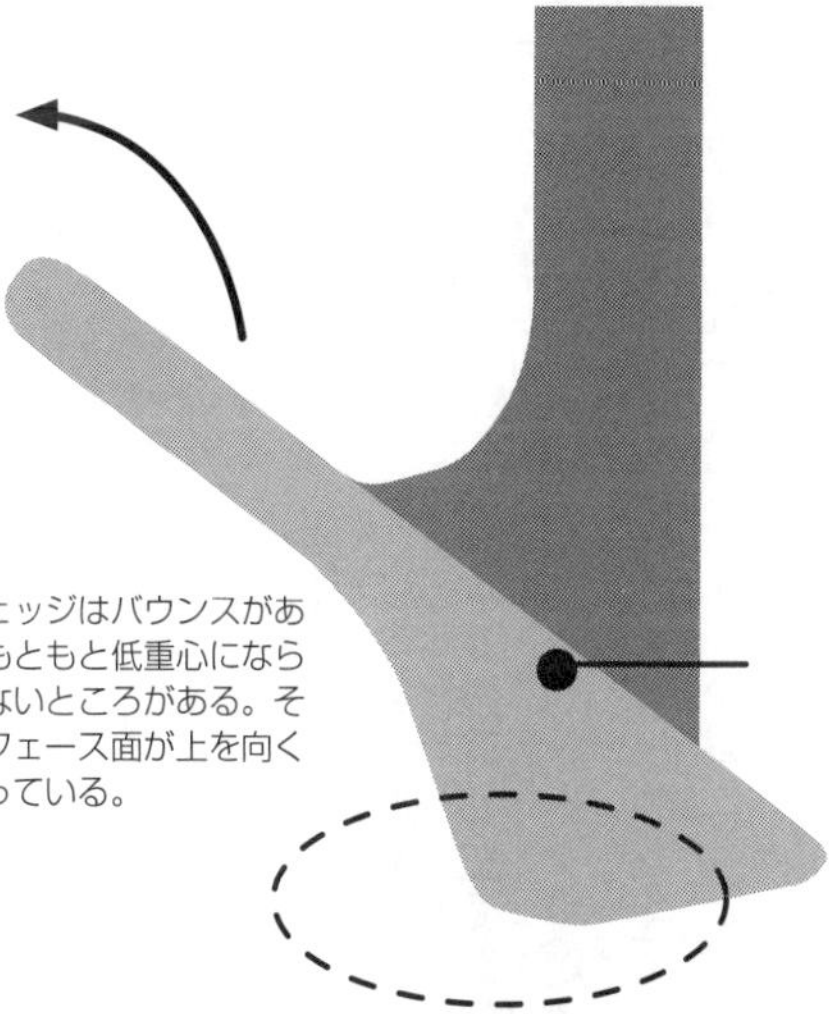

サンドウェッジはバウンスがあるので、もともと低重心にならざるを得ないところがある。そのため、フェース面が上を向く性質を持っている。

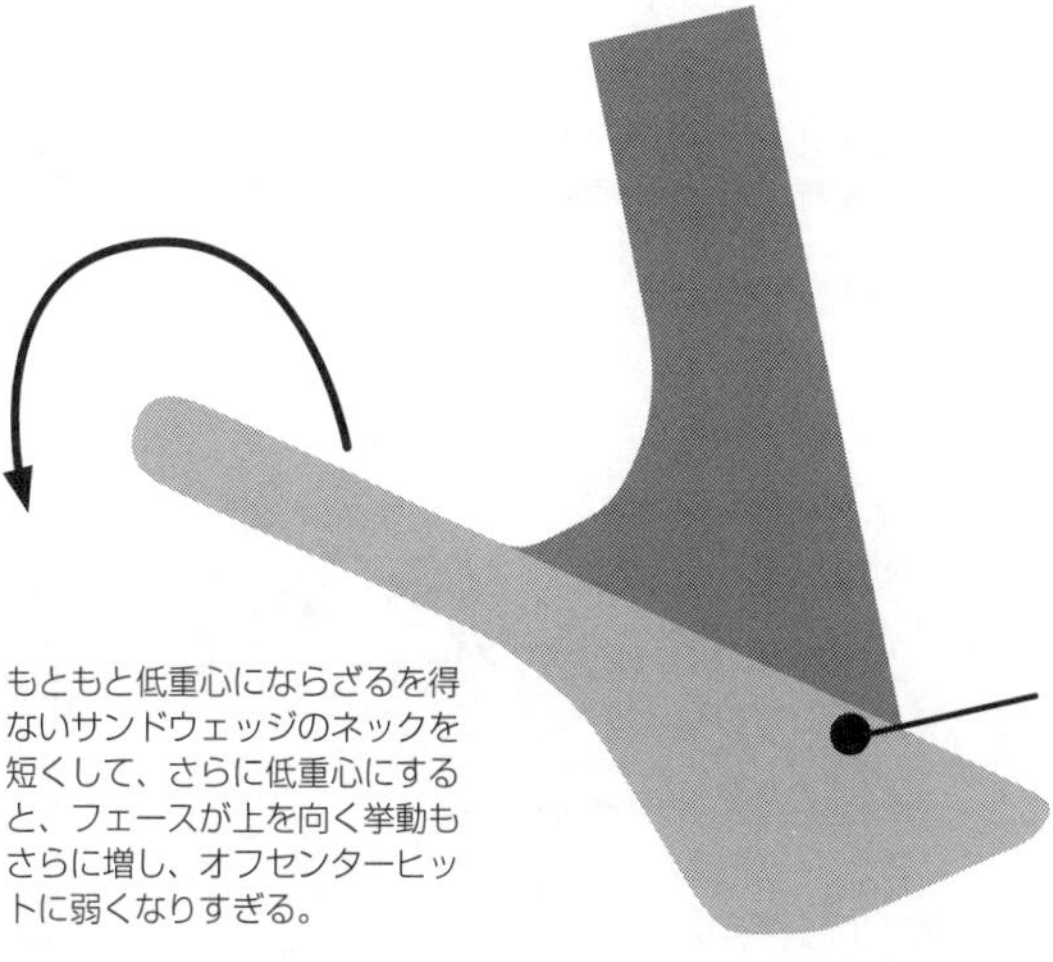

もともと低重心にならざるを得ないサンドウェッジのネックを短くして、さらに低重心にすると、フェースが上を向く挙動もさらに増し、オフセンターヒットに弱くなりすぎる。

たがる性質があります。ある程度、低重心にならざるを得ないクラブに短いネックをつけてさらに低重心設計にすると、フェースが上を向きたがる性質により一層拍車がかかり、フェース面の縦方向のオフセットヒットに弱くなりすぎてしまいます。

ネックの長さはスイングやインパクトとも関係しています。

次ページのイラストを見てください。上のイラストはネックが長く、下のイラストはネックが短いサンドウェッジです。ネックの長いほうは、シャフトの下限部分とヘッドの重心までの距離（A）も長くなっています。ネックの短いほうは、ネックの長いものに比べてシャフトの下限部分とヘッドの重心までの距離（A）が短くなっています。

Aの距離が長いということは、シャフトがネックの中に挿さっている長さが多いということなので、ボールを打ったときの衝撃でシャフト先端部分が暴れたり、ブレたりすることが少なくなります。そのため、スティープに打ち込んでいく人やガツッとした厚いインパクトを好む人には向いているといえます。

ネックが短く、Aの距離が短いものは、シャフトがネックの中に挿さっている分量が少

ネックの長さの違いが与える影響

ネックが長くなると、そのぶんシャフトがネックの中に挿さっている分量が多くなるため、強いインパクトでもシャフトが暴れにくい。

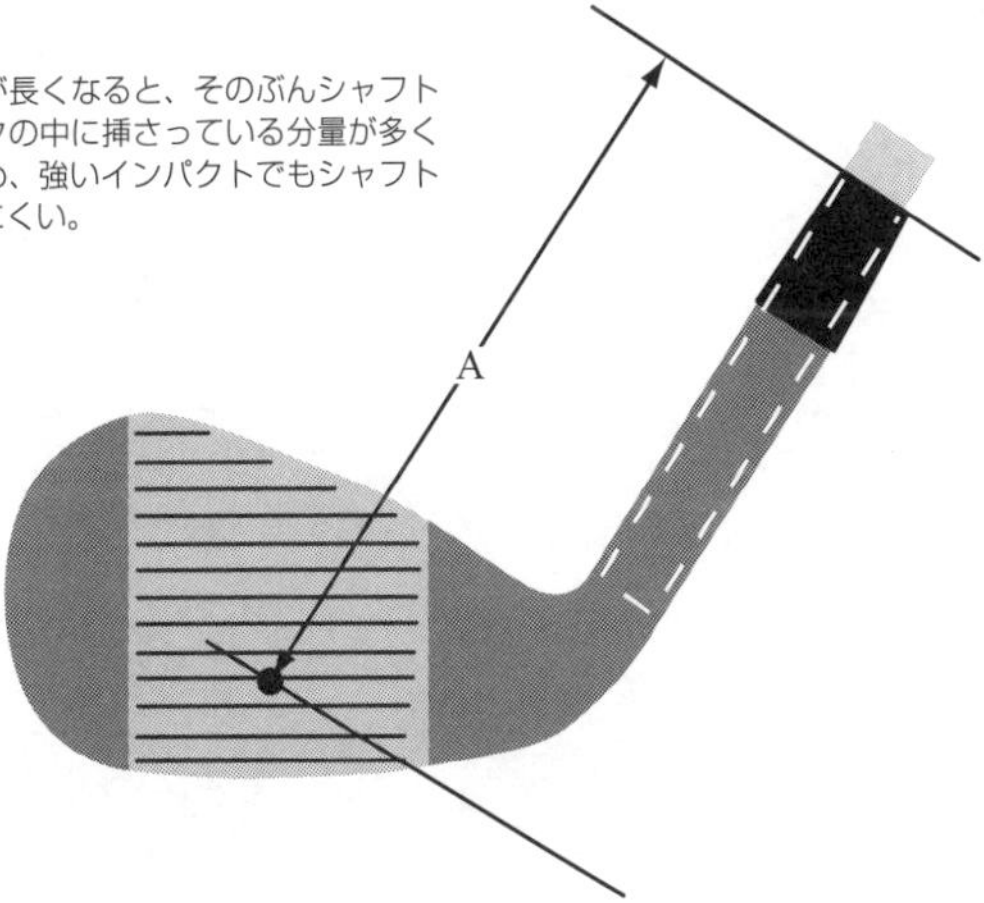

ネックが短くなると、シャフトがネックの中に挿さっている分量が少なくなるため、強いインパクトだとシャフトが暴れやすい。そのため、柔らかいインパクトを好む人向きといえる。

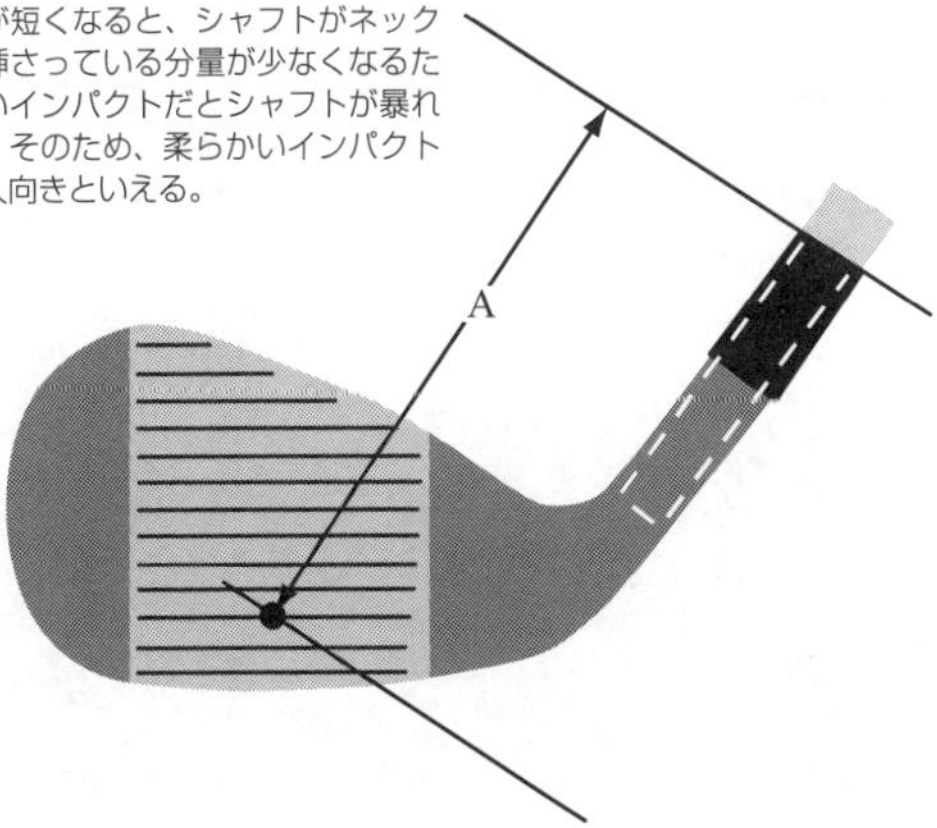

ないため、スティープでガツッっとしたインパクトを好む人にとっては、シャフト先端が暴れたり、ブレたりすると感じることがあります。そのため、ネックの短いものはスイープな軌道でボールを拾うように打つ人や、ゆったりとしたスイングで柔らかいインパクトを好む人向きといえます。また、ネックが短いとオフセンターヒット（スイートスポット以外のところで打つこと）したときのフェースのブレは、長いものに比べて大きくなります。

(4) バックフェースデザイン

バックフェースデザインは、ネック長さと同様に重心位置と深く関係しています。ネック長さのところでも述べたように、サンドウェッジは重心の位置が高いほうがスピンがかかりやすいため望ましいといえます。バックフェースデザインも、この高重心化を目的にさまざまなデザインを採用しているのです。

前述したように、サンドウェッジにはバウンスがあるため基本的に低重心のクラブです。

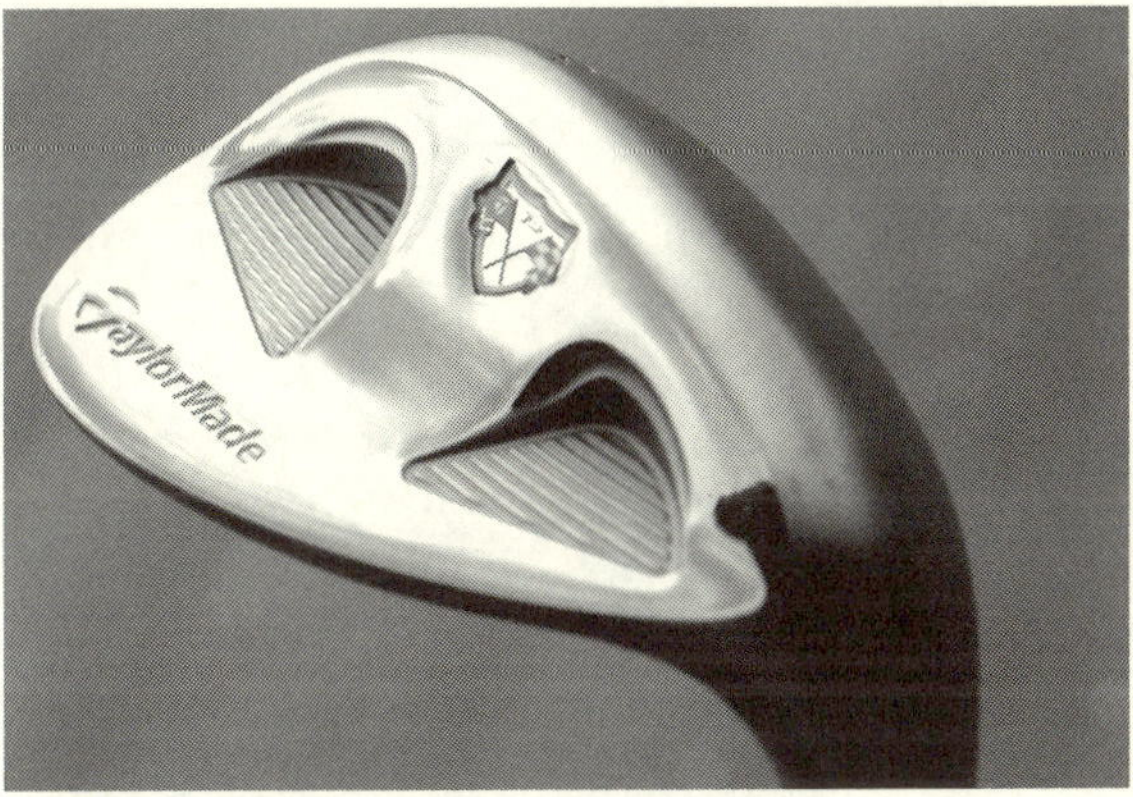

さまざまなバックフェースデザイン

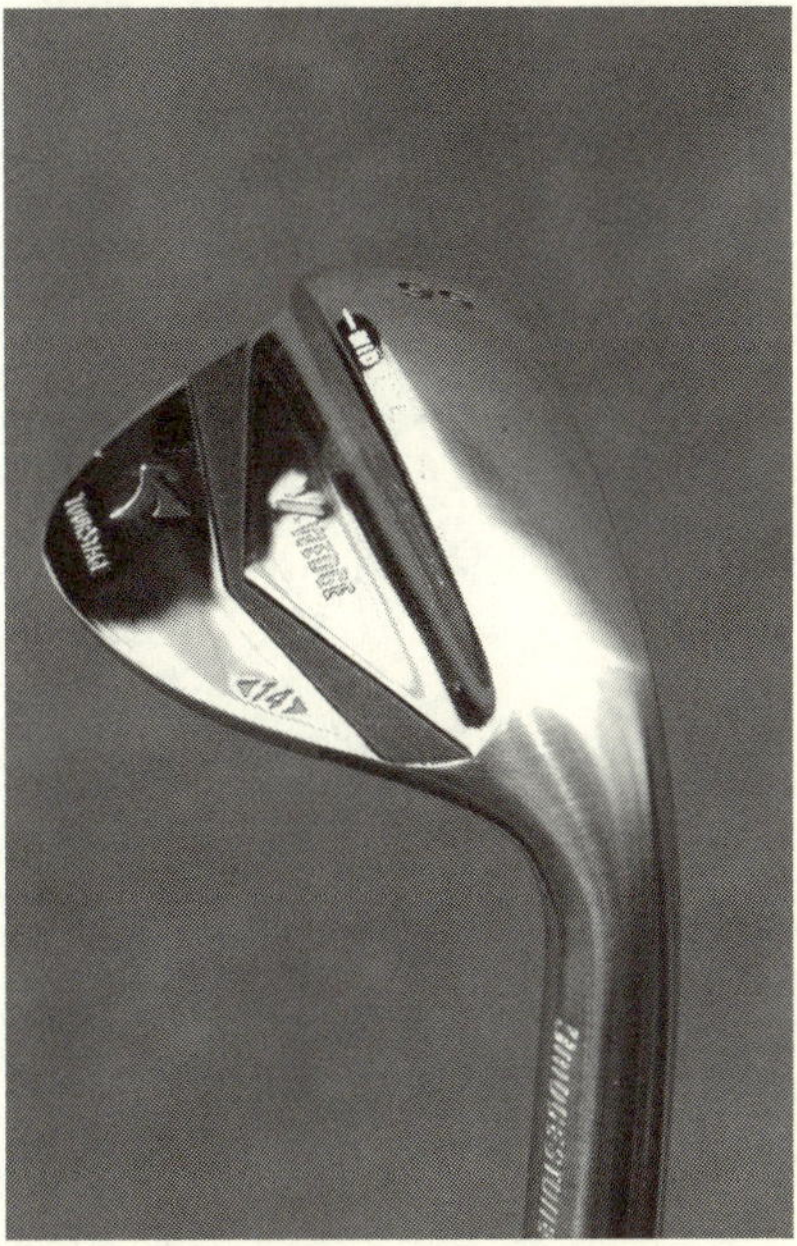

バックフェースをキャビティ状にしたり切り込みを入れたりするのは、見た目もさることながら、重心位置を高くすることが目的。

高重心なほどよいクラブなのに、形状的には低重心にならざるを得ないという課題を可能な限りクリアするため、キャビティ形状にしたり、バックフェース上部に厚みを持たせたりして、できるだけ重心位置が高くなるようにしているのです。

要するに、サンドウェッジはもともと低重心設計なので、バウンス角の大きさ、ソール幅、ネック長さ、そしてバックフェースデザインなど、さまざまな要素の影響で、より一層低重心化に拍車がかかると、フェース面が上を向く性質が強くなるので、オフセンターヒットに弱くなります。

サンドウェッジには上を向く特徴があるということを頭に入れておくと、選ぶ際の目安になるのでぜひ覚えておいてください。

(5) フェースプログレッション

フェースプログレッション（ＦＰ）というのはシャフト軸とリーディングエッジの距離を示したもので、数値で表されます。

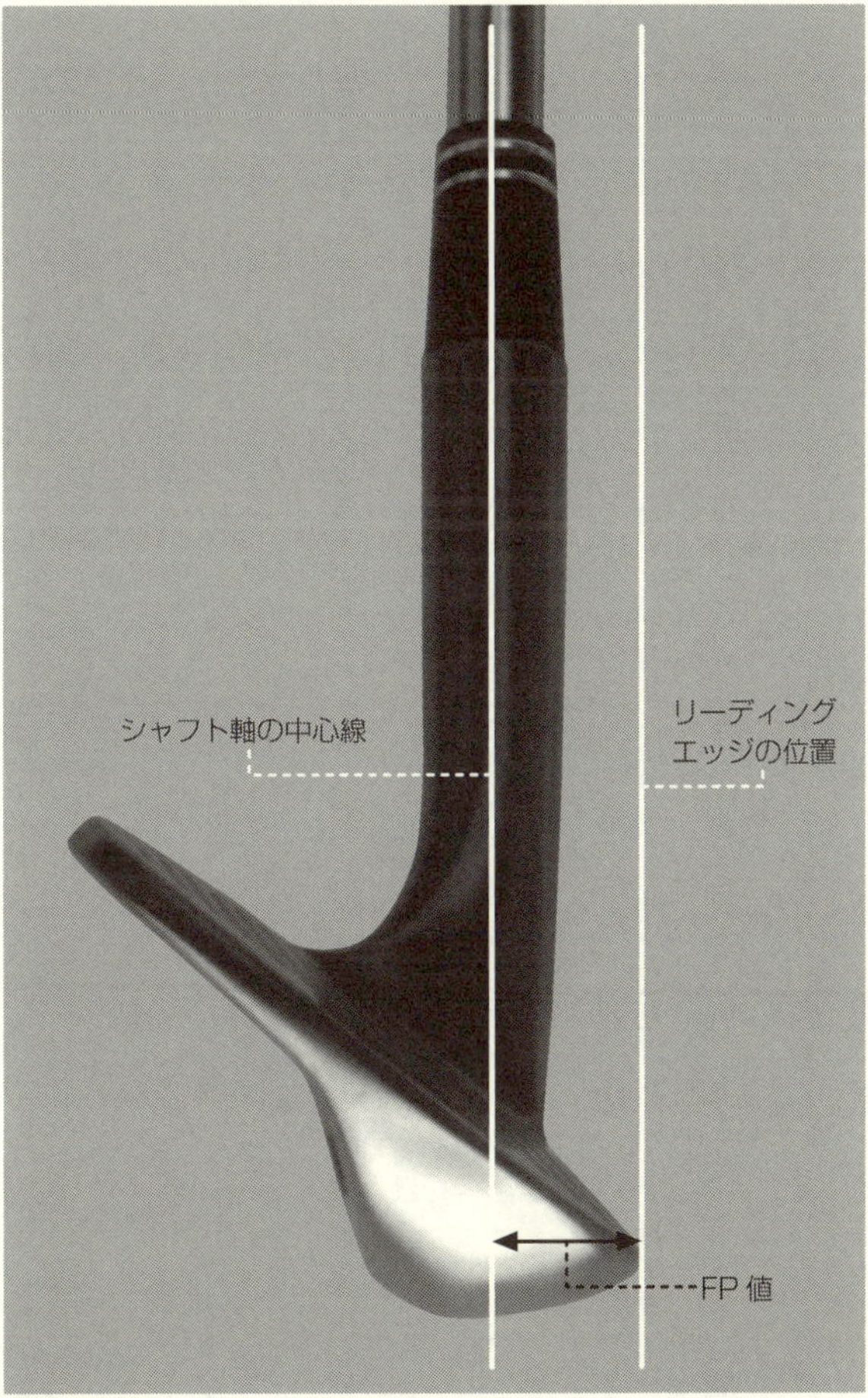

FP値が大きいと、シャフト中心線からリーディングエッジまでの距離が長くなる。FP値が小さいとシャフト中心線からリーディングエッジまでの距離は短くなる。

一般的にＦＰ値が小さくなるといわゆる「グース形状」になり、ＦＰ値が大きいといわゆる「出っ歯形状」になります。

ＦＰの大小はアドレス時の構え方とも深く関係しています。サンドウェッジをアイアンのようにハンドファーストにして、シャフトを傾けて構える人は、ＦＰが小さいグースタイプが扱いやすいといえます。

その理由は、ＦＰが小さいサンドウェッジ（アイアンにもあてはまりますが）というのは、リーディングエッジがもともと下がった状態（シャフト中心線との距離が短いということ）です。そして、ハンドファーストに構える人は、リーディングエッジを下げた状態（リーディングエッジが地面を向いた状態ということ）で構えたい人や、リーディングエッジが地面から浮いているのが気になる人です。ＦＰが小さいとリーディングエッジは自然と下がり気味（地面から浮かない状態）になるので、ハンドファーストに構える人にとって違和感がないのです。

フェースプログレッションの違い

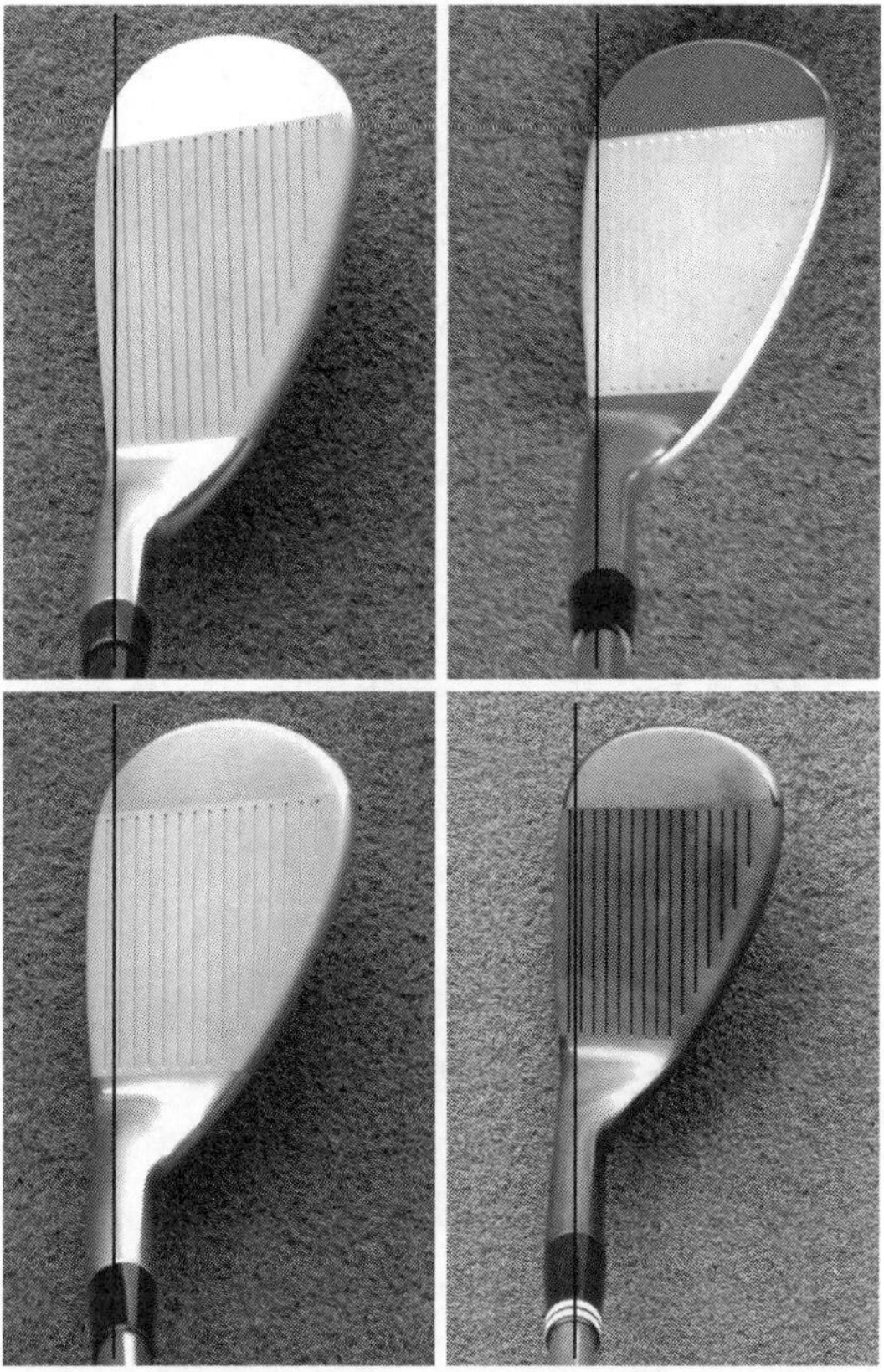

フェースプログレッションとは、シャフトの中心線とリーディングエッジまでの距離を示した数値。数値が大きいと、リーディングエッジはシャフトの中心線より前方になり、いわゆる「出っ歯型」になる。逆に数値が小さいと、中心線より後方に近くなり、いわゆる「グース型」になる。

ハンドファーストにせず、シャフトをほぼ垂直に構える人は、ＦＰが大きい出っ歯タイプやストレートタイプが扱いやすいといえます。

ＦＰが大きいものは、リーディングエッジがもともと上がっています（リーディングエッジが地面から浮き気味の状態）。そして、シャフトを垂直に構える人はリーディングエッジでボールを拾う意識や、ソールを使う意識がある人です。つまり、ＦＰが大きいものはもとからリーディングエッジが上がっているので、垂直に構える人にとってすんなりと構えることができるのです。

ここ数年、ＦＰの小さいグースタイプの単品ウェッジは、ほとんど発売されていません。これはＦＰの大きな出っ歯＆ストレートタイプをプロが使っているため、アマチュアのあいだでも、「ウェッジ＝ＦＰの大きなもの」という図式が成り立って、人気になっているようです（ちなみに、ジャンボ尾崎プロの全盛時は、彼がＦＰの小さいグースタイプのウェッジを使っていたので、プロもアマもグースタイプのウェッジを使う人ばかりでした）。

簡単にいうと、今はＦＰの大きなウェッジがトレンドといえますが、仮にタイガー・ウ

右手の平でボールを運ぶ感覚の人は、アドレスがハンドファーストになるため、FPが小さいもの向き。

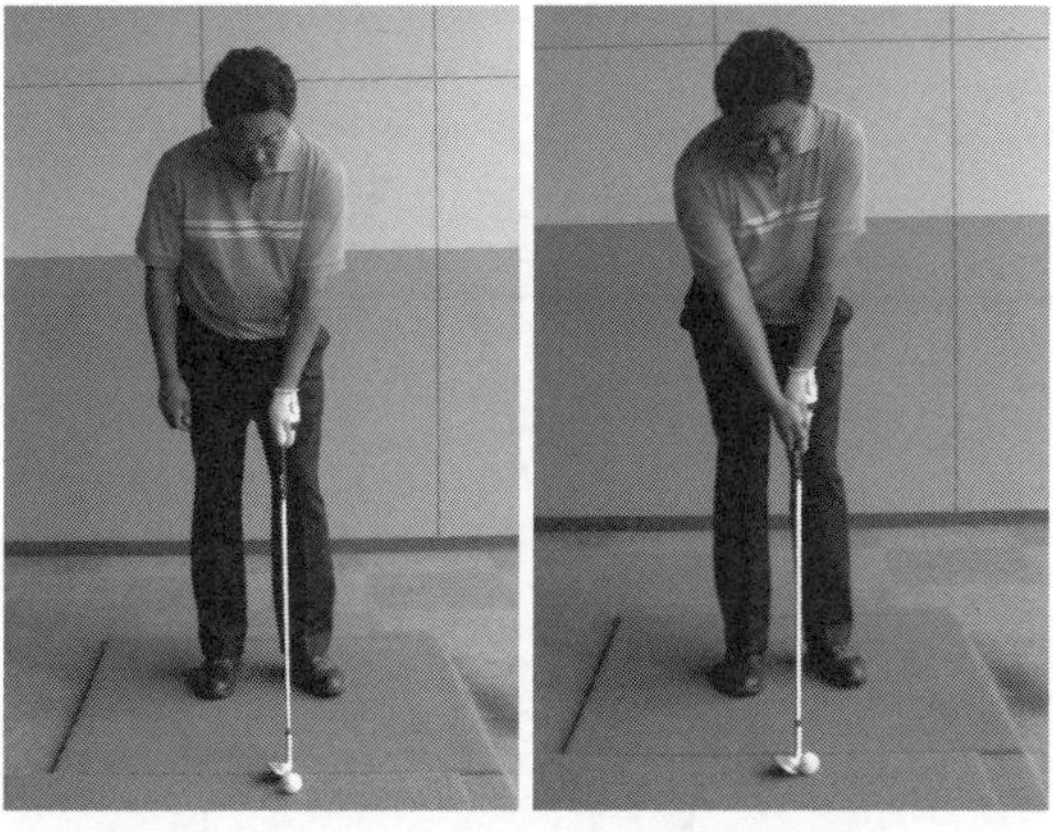

リーディングエッジやソールを使ってボールを打つ感覚の人は、アドレスでシャフトが垂直になるため、FPが大きいもの向き。

ッズがＦＰの小さいウェッジを使いだしたりすると、その方向にトレンドが変化していくことも考えられるでしょう。

トレンドは別にして、ＦＰの大きいもの、小さいものがどんな人に向いているかというと、フェース面でボールを運ぶ感覚の人はＦＰ小のグースタイプ。リーディングエッジやソールを使て打つ感覚を求める人はＦＰ大の出っ歯＆ストレートが向いているといえます。

(6) 顔（形状）

サンドウェッジの顔はヒール側にボリュームがある形状と、ない形状に大別できます。ボリュームのあるものの代表が、先に述べたジャンボ尾崎プロが使っていたグースタイプでしょう（ボリュームがあってもグースでなく、ストレートのモデルもあります）。

ボリュームのないものは、よくティアドロップ形状と呼ばれ、今はこの形状がスタンダードです。そして、この形をベースにして、各社がいろいろな工夫を凝らしています。

どんな顔がどんな打ち方に向いているかというと、ヒール側にボリュームのあるものは

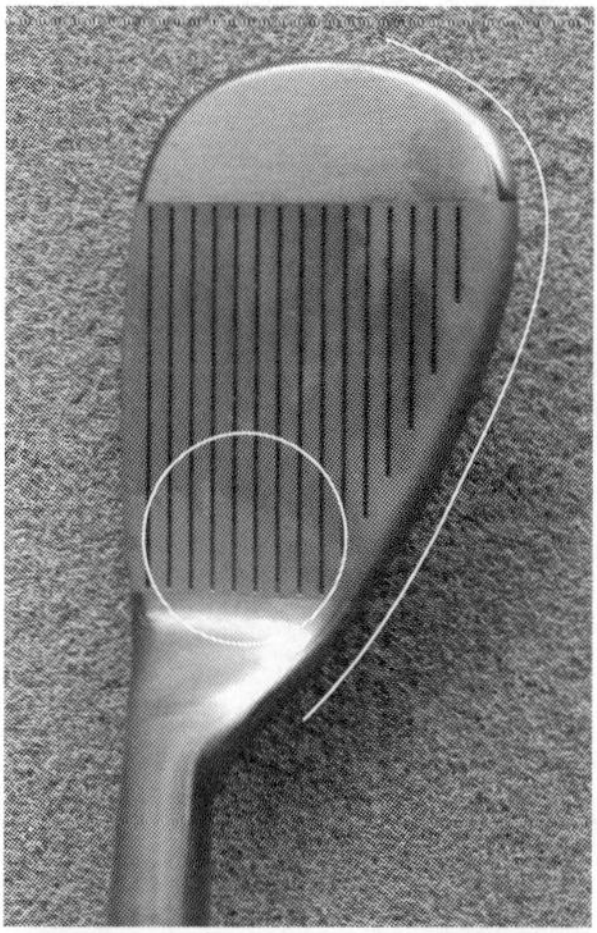

ヒールにボリュームのないサンドウェッジ

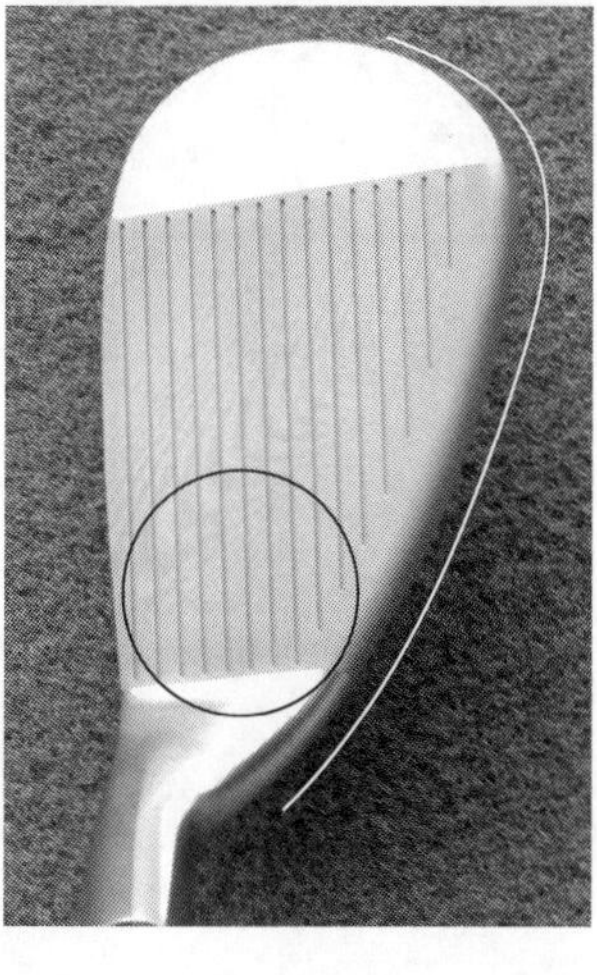

ヒールにボリュームのあるサンドウェッジ

ヒールボリュームのないものは、ネック側の幅が狭く、三角形に近い形状をしている。ヒールボリュームのあるものは、ネック側の幅が広めで、ポケットのような形状をしている。

フェース面でボールを運ぶタイプで、いわゆる右手でボールを包み込むような感覚で打つ人向きといえるでしょう。スイングでいえばミニアイアン型になります。

ヒール側にボリュームのないものはリーディングエッジでボールを拾うイメージの人や、ソールを使って打つ人向きといえます。スイングでいえばサンドウェッジ本来の、ソールを滑らせる打ち方になります。

(7) グルーブ(溝)

グルーブは、各メーカーがさまざまな形状を採用していて、どのメーカーもスピン性能を売りにしています。

U字型や凹面型などがありますが、どういった形状のグルーブが最もスピンがかかり、またタッチが出しやすいかといったことは、人それぞれの感覚なので、一概にU字型がよいというようなことはいえません。

ただし、どんなにスピン性能に長けたグルーブを搭載しているサンドウェッジを持って

いろいろなグルーブ

彫刻による角溝

角溝

UV溝

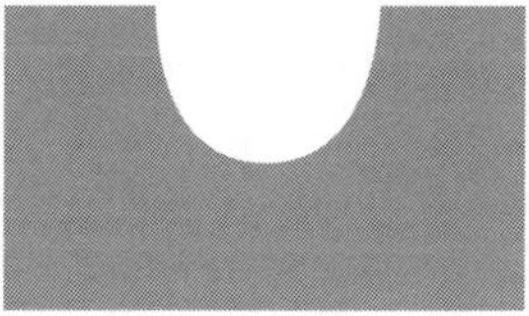

U溝

各メーカーがさまざまなグルーブを採用し、スピン性能を競っている。

※2010年からグルーブに関するルールが変更になるため、既存のグルーブの中には、不適合なものも出てきます。

重心位置の目安

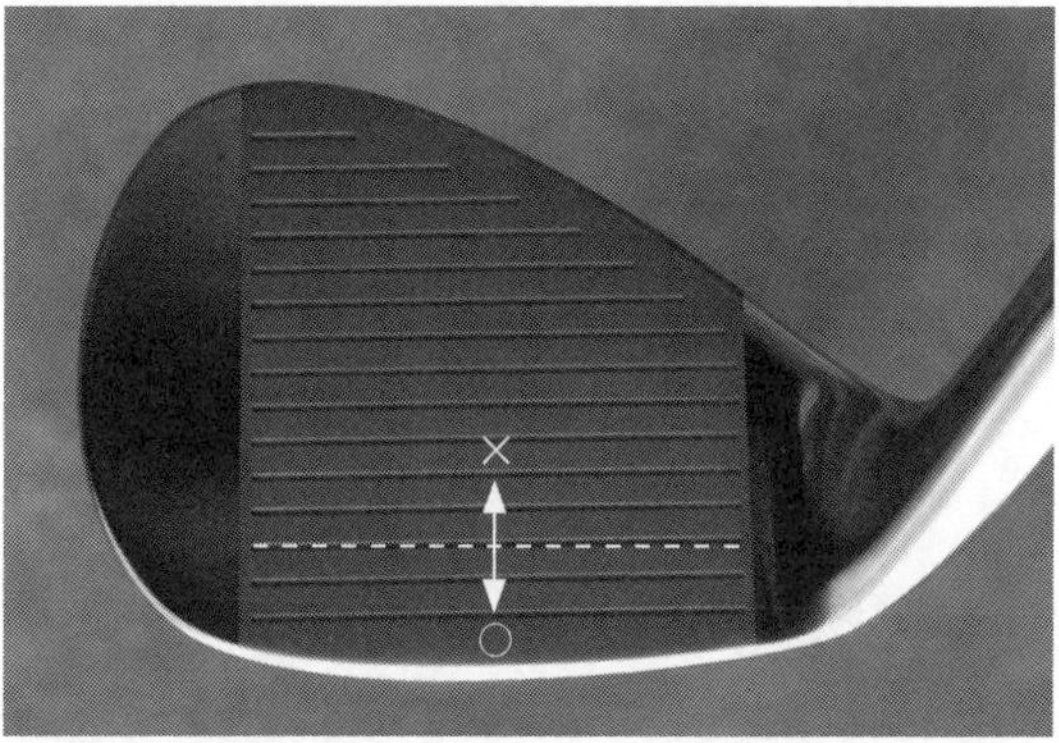

重心位置より下で打つには、スコアラインの3本目以下で打つことが目安となる。3本目より上に当たると、スピンが得られないだけでなく、フェースが上を向く挙動が大きくなってしまう。

いても、重心位置より上でボールを打つ人は、そのグルーブの恩恵を受けることはまったくありません。

なぜなら、どのクラブでもそうですが、重心位置より上で打つとスピンは必ず減ってしまうからです。重心位置より下で打ってこそ、グルーブがボールを噛み、スピンがかかるのです（もちろん、ギア効果の関係もあります）。

したがって、スピンを得るには、まずは重心位置より下で打てるようになることが肝心です。ちなみに、フェースのどの部分に当たれば重心位置より下なのか、その目安はスコアラインの下から3本以内になります。

サンドウェッジのおおまかな特徴を7項目に分けてお話ししてきましたが、これらのことを頭に入れておくと、サンドウェッジ購入の際に、役立つはずです。

スコアアップのカギを握る三つのウェッジワーク

ＳＷのタイプと打ち方の関係とは？

サンドウェッジの特徴がわかったところで、ここからは再び、スイング（打ち方）及び技術面からサンドウェッジの本質に迫っていきましょう。

これまでお話してきたように、サンドウェッジは、

（a）ハイバウンスでリーディングエッジの位置が高いもの。
（b）ローバウンスでリーディングエッジの位置が低いもの。
（c）フェース面とソール面の繋ぎ目部分の面取りを多くして、エッジ部分に厚みを持たせたもの。

の三つに大別できます。そしてサンドウェッジの打ち方、すなわちウェッジワークから見ていくと、

（a′）バウンス派。
（b′）リーディングエッジ派。
（c′）フェース面派。

に大別できます。それぞれの中でアマチュアにとって最も簡単なのが、「c」のサンドウェッジを使って「c′」のウェッジワークで打つことです。

cのサンドウェッジは面取りが多く、エッジに厚みがあり、さらにソール面全体に丸みのあるラウンドソールが主で、一般的に「抜けがいい」といわれるモデルです。

ソール面全体に丸みのあるタイプは、ソールが「点」で地面と接触するため抜けがよく、ダフリやザックリが最も出にくいといえます。そのため、単純に上げて下ろすような打ち方、つまりフェースの開閉やリストを使わずに、フェース面にボールを乗せて運ぶように

打つ人に適しています。女子プロはほとんどがこの打ち方なので、使用しているサンドウェッジもまた、ｃのタイプが最も多いのです。

ｂのサンドウェッジを使って、ｂ′のウェッジワークで打つのが技術的には最も難しいといえます。そのため、非常にデリケートなタッチを生来から持っていて、アプローチの名手といわれるような人に多いウェッジワークです。

このタイプはエッジ高さやソール形状などはあまり関係がありません。極端にいうと、リーディングエッジさえあれば、どんなショットでも打てる人です。歯（リーディングエッジ）をボールのどこに入れるかでさまざまなショットを打ち分けているので、抜けやソールを滑らせるといったことは必要ないわけです。

ａのサンドウェッジを使って、ａ′のウェッジワークで打つのがベン・ホーガンのいう「ソールを滑らせて打つ」タイプになります。

このタイプは必ずリーディングエッジがボールに当たる前に、ソールが地面に当たるようにスイングします。ヘッドがボールに当たる前に地面に当たるというと、たいていの人はダフリだと思うことでしょう。また、バウンスが地面に当たると跳ねるから嫌だ、というゴルファーも数多くいます。

しかし、ソールを滑らせて打つ、ソールを使って打つ、バウンスを使って打つというのは「ダフらせて打つ」ことを意味し、バウンスはそのためについているのです。

バウンスが地面に当たると跳ね返る挙動が起こります。この跳ね返りを嫌う人が多いので、ローバウンスのサンドウェッジに人気が集まっています。しかし前述したように、ローバウンスでリーディングエッジがシャープなものは、アプローチの名手や高い技術があり、リーディングエッジを思ったところへ入れられる人が使ってこそ、本来の特性が活かされるのです。

ローバウンスのサンドウェッジを、週に一度練習場へ行き月に一度ラウンドする、いわゆるアベレージゴルファーが使いこなすのはほとんど無理、無謀といえます。居合いの達人のように、リーディングエッジをスパッと入れる高い技術が必要なサンドウェッジなのです。

「ダフらせて打つ」とはどういうことか

では、バウンスがあるために跳ね返る挙動が大きいサンドウェッジは、どのように打てばいいのでしょう。その答えは「跳ね返りを押さえ込んで打つ」ということになります。

跳ね返りを押さえ込めないと、当然トップになります。ほとんどのゴルファーは、バウンスのあるサンドウェッジは跳ね返りを押さえ込んで打つということを知らないため、ハイバウンスのものはトップしそうだとか、フェースを開いたときにバウンスが邪魔になるから好きじゃないと言うのです。

押さえ込んで打つと、インパクトが緩まなくなります。また、ダフらせて跳ね返ってきた挙動を押さえ込むことで、インパクト時のヘッドスピードが上がり、強いインパクトとなってボールに強烈なスピンがかかるのです。

そして、ダフらせて打つのが正しい打ち方だと考えれば、リーディングエッジを狙ったところに入れて打つというようなプレッシャーが少なくなるので、メンタル的にも強くなれるというわけです。

どうしても曲げたくないティショットほど、プレッシャーがかかります。同じように、何としてでも寄せたいアプローチショットも強いプレッシャーがかかります。

そんな場面で、ボールと地面のわずかな隙間にリーディングエッジを確実に入れるショットが打てるでしょうか？　リーディングエッジがちょっとでもボールの手前に入ればザックリですし、ボールの赤道のちょっと上に当たればトップです。

もしあなたがいわゆる月イチゴルファーだとしたら、ダフらせていい、つまりある程度ならアバウトにヘッドを入れてもいい、ベン・ホーガン流のソールを使った打ち方をマスターすべきです。この打ち方をマスターすれば、アプローチの技術が高まることはもちろん、ドライバーの飛距離が確実にアップします。

なぜなら、ソールを使った打ち方はクラブ本来の特性を引き出す打ち方であり、ロフト角通りのボールが出るようになる打ち方だからです。

そこで、次章ではソールを使って、クラブの特性を引き出すスイングのカギとは何なのか、またそのカギをマスターすることで、アプローチショットやドライバーショットがどう変わるのかを詳細にお話しましょう。

第４章

ゴルフ技術の王道
「コッキング」をマスターする

「ボディーターン」理論の弊害とは

球筋がスライスになる本当の理由

ここまで、サンドウェッジの正しい打ち方の概要と、サンドウェッジとはどういう特徴を持ったクラブなのかをお話ししてきました。

この章では正しい打ち方をマスターするカギ、特徴を活かすカギが何なのか、それを具体的に説明していきます。

第1章でも触れましたが、ベン・ホーガンと陳清波プロという稀有で偉大な二人のショットメーカーが実践しているコッキングは、ゴルフ技術の王道であるといって差しつかえありません。とはいえ、ボディターンに洗脳されている現代のゴルファーには、納得できないかもしれません。

そこで、いくつかの例を挙げながら、なぜコッキングが王道といえる技術なのかということについて、解説していきましょう。

一般的にアマチュアゴルファーは、手首のリリースが早すぎるといわれます。つまり「タメ」ができていないというわけです。ところが実際はまったく逆で、アマチュアゴルファーのほとんどはリリースが遅いために振り遅れて、球筋がスライスになっているのです（正確にいうとリリースが遅いのではなく、リリースができていないのです）。

リリースをするためには、手首をコックしなければなりません。コックが入ると、その逆の動きであるリリースが必要になります。そして、リリースすることによってクラブフェースがターンしてボールがつかまり、飛距離が出るのです。

ボディターンに洗脳されているアマチュアゴルファーは切り返しは下半身からとか、大きな筋肉で飛ばすということが頭にも体にも染みついているため、唯一クラブに直接触れている手の動きに無関心、無頓着になっています。

「コッキングは無意識にできる」の誤解

また、「コックは自然に起こるもの」とか「トッププロはコックを意識していない」と説くカリスマコーチもいますが、これをアマチュアゴルファーが鵜呑みにすると、大変なことになります。

日曜のゴルフ練習場は、多くのアマチュアゴルファーで溢れています。そこでスイングを見ていると、ゴルファーの数に比例していろいろな形のコックがあることに気づきます。もし本当にコックは自然に起こるもので、意識する必要がない「自然現象」なら、いろいろな形のコックが存在することは、ちょっとヘンだと思いませんか？

そもそもコックはグリップエンドが力点、握っている部分が支点、ヘッドが作用点という力学を使ったもので、クラブをテコのように使うことで、クラブに本来備わっている特性を活かすことなのです。

力学という論理的な考え方に基づいたものを「自然でいい」というのは、私には無責任としか思えません。また、自然でいいと言いながら「甲側に折れてはいけない」などとも

コックが入らず、リリースが遅いスイング

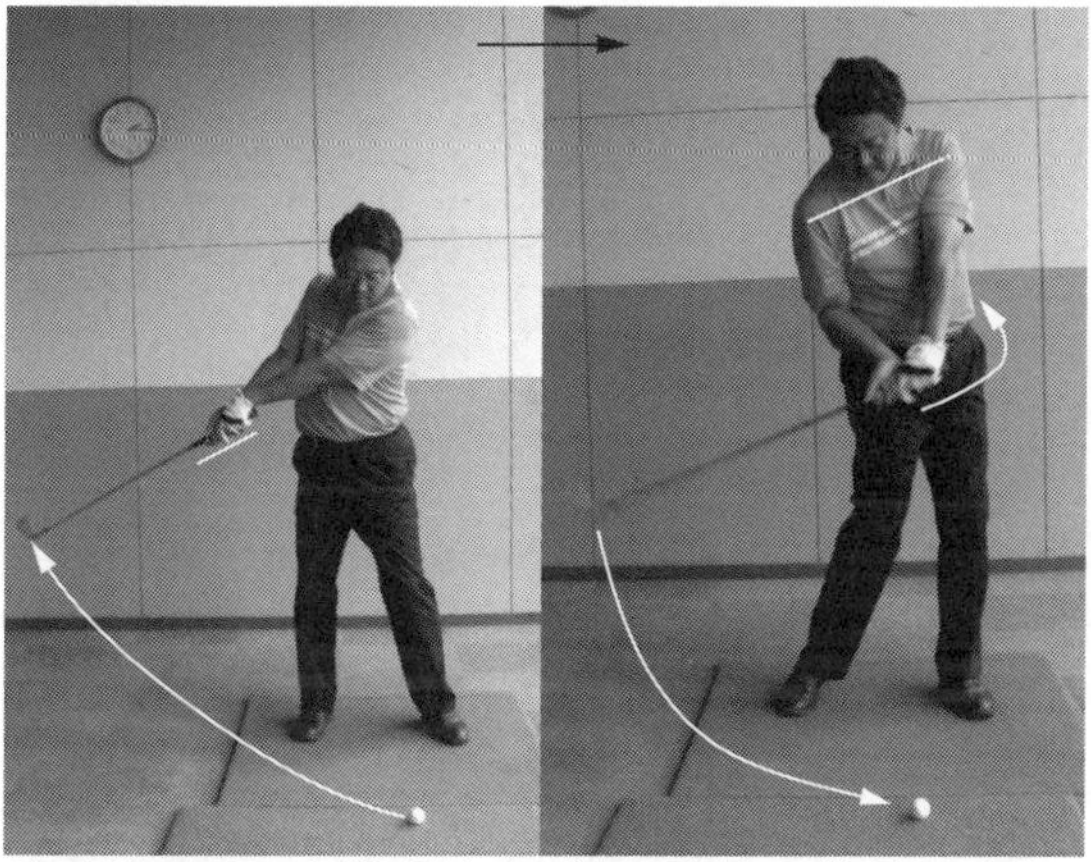

テークバックでコックが入らないと、ダウンでリリースができないため、肩と腰が開き、クラブが遅れて下りて来る。また、フェースも開いて下りて来るため、ボールがつかまらない。

コックが入り、リリースのできているスイング

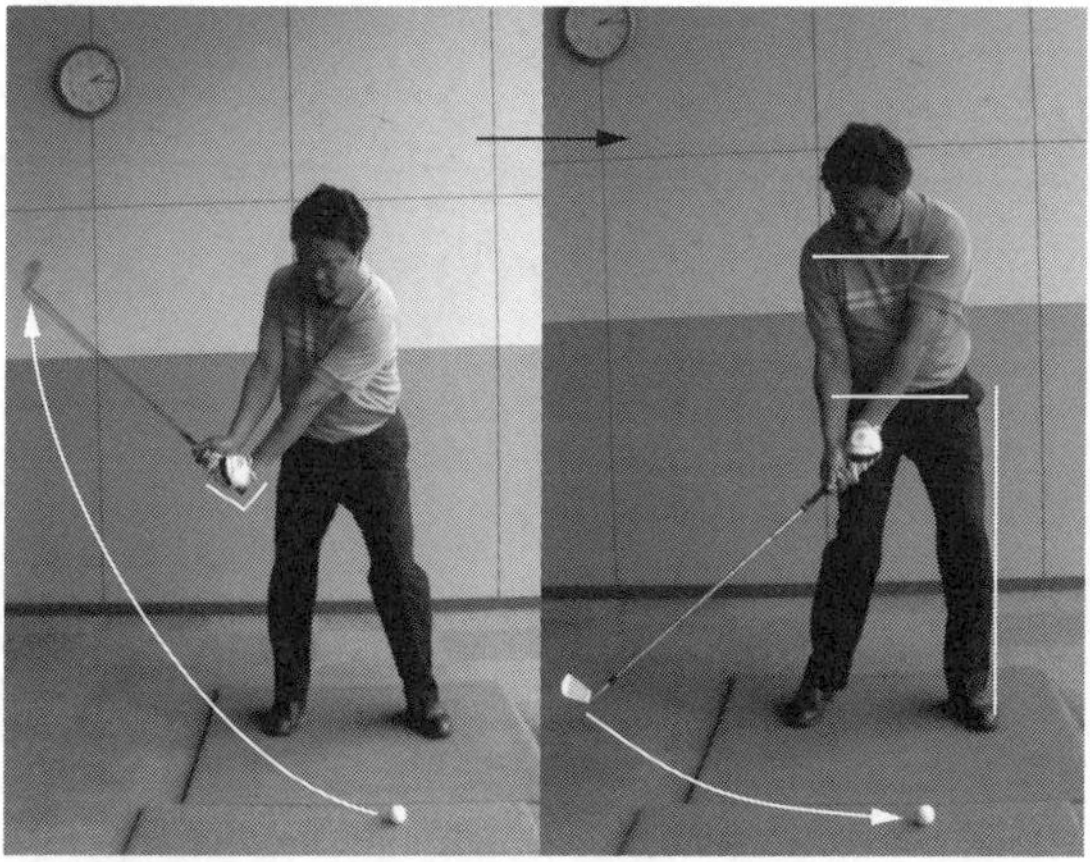

コックを使ってテークバックすると、ダウンでのリリースが可能になり、肩と腰は開かず、左サイドの壁も崩れない。また、クラブが遅れることもないので、当然、フェースも開かない。

いいます。テークバックによって自然現象的に発生するコックは、甲側に手首が折れる可能性が高くなります。つまり、甲側に折れてはいけないということは、「コックは自然ではいけない」ということになります。

さらに、プロはコックを意識していないといいますが、コックを使わずに打っているプロは誰一人としていません（コッキングを必要としないショットの場合は別です）。無意識かもしれませんが、プロは必ずコックを使っているのです。

無意識でコッキングができるのは、彼らがプロだからであり、それをそのままアマチュアゴルファーに当てはめるのは、無理、無茶、無謀というものです。

逆に、プロなら誰もが使う正しいコッキングを覚えたほうが、アマチュアの技術は格段にアップするのです。

飛距離アップに不可欠なコッキング

体格もよく、体力、筋力も人並み以上、ノーコックで体を目一杯ネジった大きなスイング。それなのに、ヘッドスピードは速くて42ｓ／ｍに届くかどうか。ドライバーの飛距離もキャリーが２００ヤード強……。

このようなアマチュアゴルファーはとても多いものです。そんなアマチュアは体格や体力などに違いはあっても、ノーコックで体をネジり上げ、下半身リードでダウンスイングを開始し、とにかく体を回すことが飛距離アップにつながると考えています。

体を回すこと、つまりボディターンを意識しすぎると、本人は下半身リードでダウンスイングを開始しているつもりでも、実際は切り返した途端、右肩が突っ込み、その場で体が回転するだけのスイングになりがちです。また、ノーコックなのでリリースも起こりません。

これではフィニッシュで右足に過剰に体重が残ってしまうか、運よく左足に体重が移ったとしても、フォローで左ヒジが退けて、低いフィニッシュにしかなりません。これではスライスかヒッカケしか出ないのは当たり前のことで、ストレートボールが出たとしても強い弾道にはならないでしょう。

強い弾道で飛距離を伸ばすには、やはりコッキング＆リリースが欠かせません。確かに、ノーコックだとフェースの開閉が小さくなるため、方向性は良くなります。

私のレッスンに通ってくださる生徒さんに、スイングの基本となるノーコックのハーフショットドリルを行うと、ボールストライキングが劇的に向上します。このことからも、ノーコックはミート率や方向性がアップする打ち方だといえます。

しかし、ノーコックのハーフスイングでドライバー飛距離が３００ヤードを超えるプロゴルファーは、残念ながら世界中探してもいません。仮にいたとすると、フルショットの精度がすべてアプローチ並みに上がるので、タイガー・ウッズの比ではない世界最強のゴルファーになるはずです。

このことから、ゴルフスイングはコッキングを使わないと成り立たないということになります。コッキングはテコと同じ役目をしています。テコが入ることでヘッドスピードも上がり、インパクト時の打撃力もアップするのです。

また、クラブに直接触れているのは手であって、ボディターンでいうところの大きな筋肉ではありません。そのため、手がクラブに対して正しく動くことがスイングの絶対条件

アマチュアによく見られる、典型的なノーコックスイング

ノーコックで体を回すことばかりにとらわれたスイングは、テークバックした途端、クラブがオンプレーンから外れ、トップがクロスする。そして、切り返した途端、右肩が突っ込んで、クラブがアウトサイドからインパクトへ向かうため、フォローでは左ヒジが退けて、低いフィニッシュになる。

です。いくら大きな筋肉をトレーニングし、体の動きを完璧にしたとしても、手が正しく動かなければボールを打つことはできません。

手が正しく動けば、クラブも正しく使えるため、体が多少悪い動きをしても、それをカバーできます。その良い例がメジャーリーガーのイチローで、彼はタイミングを狂わされて体が泳いでも的確にボールをミートし、ヒットにします。これは、手が正しく動いているからできることであって、決して体の大きな筋肉でミートしているわけではありません。

コッキングが多彩なアプローチを可能にする

SWの特性を活かす打ち方とは

一般的にアプローチショットは「オープンスタンス、左足体重、ハンドファースト、ノーコック」で打つのが基本といわれています。確かにライのいい花道から広いグリーンに向けてピッチエンドランで寄せるなら、この打ち方でもいいでしょう。

しかし、これはフェアウェイなど、比較的ライのよいときだけに通用するアプローチショットのための技術なのです。さらに、クラブの特性を活かす打ち方という観点から見ると、結局はミニアイアンショットの打ち方であり、それ以上にはなり得ないのです。

なぜ、オープンスタンス、左足体重、ハンドファースト、ノーコックという、アプローチショットのスタンダードといわれるものが、ミニアイアンショットの域を出ないのか。

その理由は、カラダの左サイドでインパクトをすることに原因があります。次ページの写真を見てください。これが一般的にアプローチショットの基本的な構えといわれている、アプローチのアドレスとフォローです。

写真からもわかるように、オープンスタンス、左足体重、ハンドファーストの構えは、常に体重がカラダの左サイドにかかっているため、インパクト時のカラダのポジションも左サイドになります。

この打ち方のメリットは、ダフリを防ぐためヘッドを上から入れやすく、それでいてそこその高さとスピン量が望めるので、いわゆるピッチエンドランがイメージしやすいということになるかもしれません。

しかし、いくつかのケースを考えてみましょう。まずは冬から春先にみられる芝の生えそろっていない薄いライや、枯れ芝が擦り切れてベアグラウンド化した硬いライ。こういったライから小さな砲台グリーンへアプローチしたり、バンカー越えでアプローチするような状況では、どのように対応すればいいのでしょうか?

例年春先に関西で開催される、ある女子プロトーナメントはまさにこれです。コースが

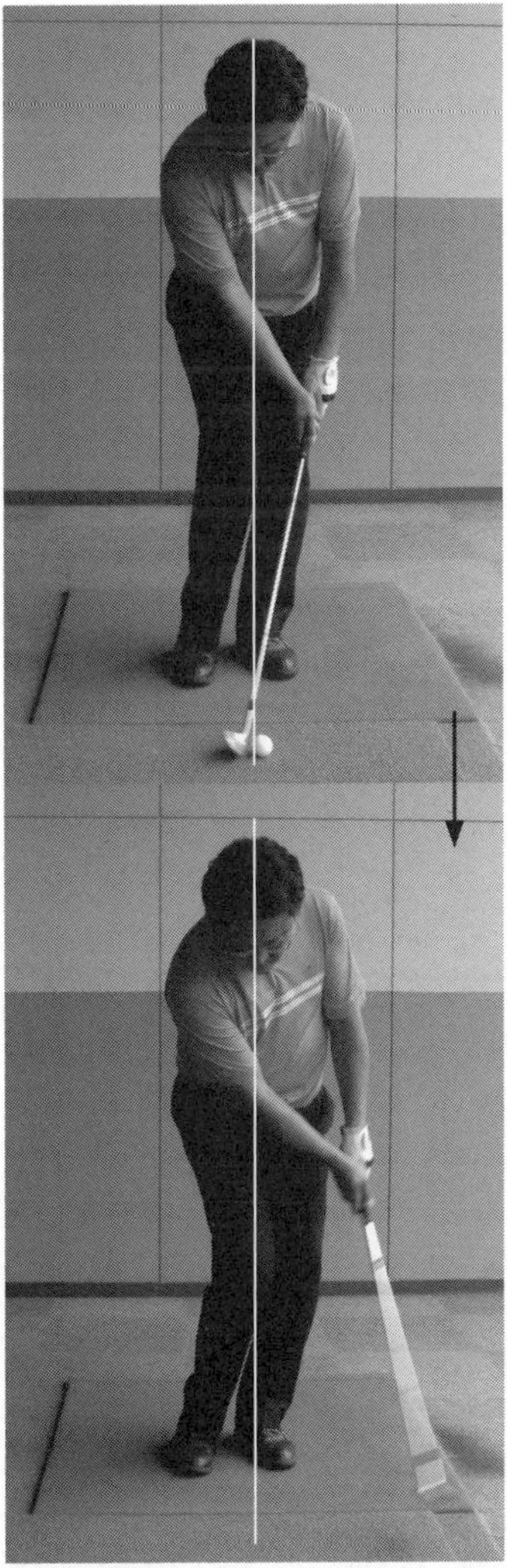

一般的にスタンダードといわれるアプローチのアドレスとフォロー

砲台型の2グリーン設計でグリーン周りまでアップダウンがあり、春先ゆえに芝つきもまだ整わないので、例年優勝スコアが伸び悩みます。

この試合会場のアプローチ練習場で選手の練習を見ていると、非常に興味深いです。ミニアイアン型のアプローチしかできない選手は、リーディングエッジを赤道に入れる一点勝負。練習とは思えないほど緊張した面持ちでボールを打ちますが、やはり時々はザックリが出てしまいます。これでは本番で使えません。

そうなると今度はPWや9番アイアンあたりに持ち替えて、グリーンエッジや土手にワンクッションさせて転がし上げる練習に切り換えます。しかし、これではパーセーブの確率が下がります。ザックリしてのダブルボギーやそれ以上になることを避け、無難にボギーでまとめるというネガティブな戦法しかなくなるのです。

その女子ツアーを制したのは、若い頃アメリカで技術を磨いた選手でした。たまたま彼女のアプローチ練習も見ましたが、枯れ芝の薄いライに対してアバウトにソールを当てていきながら、安定した高さのボールを打ち続けていたのが印象的でした。

男子ツアーの国内最高峰である日本オープン。昨年の会場となった相模原ゴルフクラブも、ダブルベントの２グリーン設計です。試合のときは当然サブグリーンからそのまま打つのですが、日本オープンに出場するレベルの選手でも、かなり怪しい打ち方をしている人がいました。

リーディングエッジの離陸がカギを握る

前述したように、コッキング&リリースというテコの作用によってヘッドスピードが上がり、インパクト時の打撃力もアップし、飛距離が伸びるわけですが、コッキング&リリースは飛距離だけのためのものではありません。コッキング&リリースはオープンスタンス、左足体重、ハンドファースト、ノーコックのアプローチショットだけの技術と決別し、さらに、その打ち方では対応できない状況に遭遇したときにあなたを救ってくれる救世主なのです。

コッキング&リリースがなぜ救世主なのかというと、それはクラブのリーディングエッジに秘密があります。

リーディングエッジが離陸する（フェースが開く）テークバック

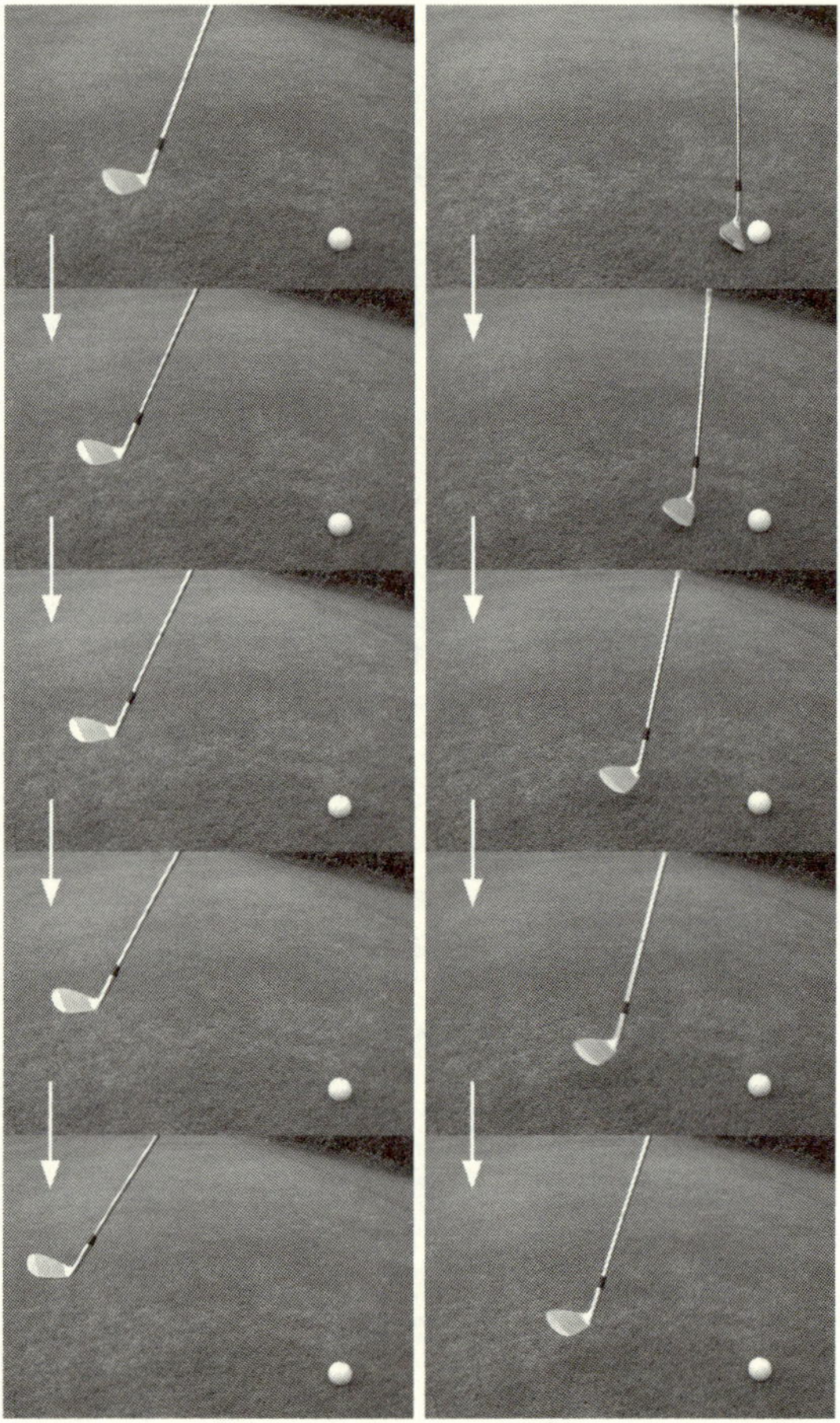

コッキングを使ってテークバックすると、徐々にフェースが開き出し、それに伴ってリーディングエッジが離陸する。そして、グリップが右太ももを通り過ぎたあたりで、リーディングエッジは正面を向く。

リーディングエッジが離陸しない（フェースが開かない）テークバック

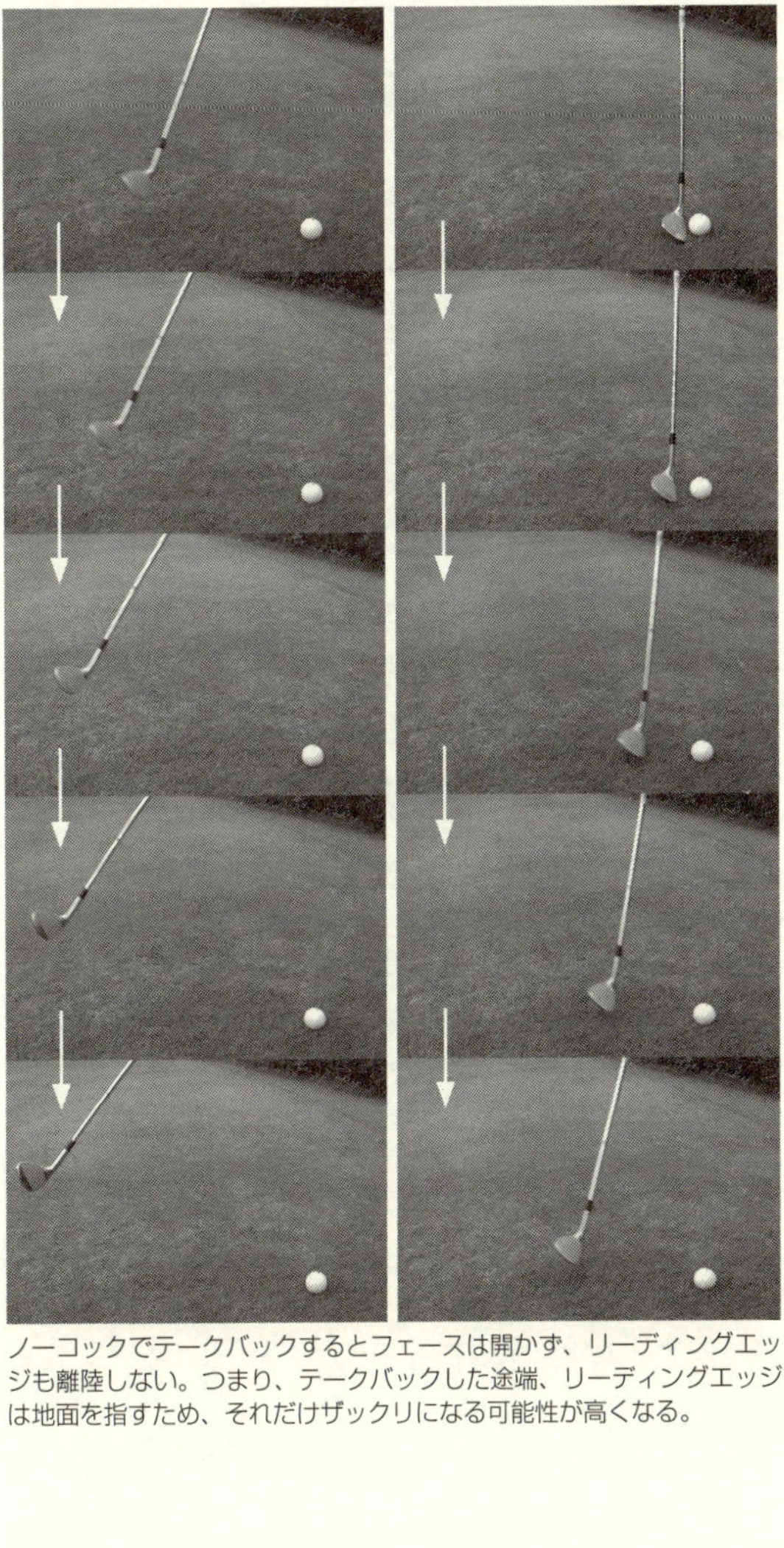

ノーコックでテークバックするとフェースは開かず、リーディングエッジも離陸しない。つまり、テークバックした途端、リーディングエッジは地面を指すため、それだけザックリになる可能性が高くなる。

前々ページと前ページの連続写真を見てください。テークバックでコッキングが入ると、クラブフェースは開き出し、それとともにリーディングエッジが離陸をはじめます。そしてテークバックがトップを迎えたとき、リーディングエッジは最高到達点へと達します。切り返し後、ダウンスイングに入るとリーディングエッジは徐々に下降し、それとリンクしてフェースが閉じはじめ、インパクトでスクエアになります。インパクト後、リーディングエッジはさらに下降し、フェースも完全に閉じていきます。

テークバックからフォローまでの間に、リーディングエッジはフェースとともに離陸(開く)、着陸(閉じる)という動きをしています。リーディングエッジの離着陸(フェースの開閉)によって、ヘッドはボールを包み込むように動き、結果として球がつかまるのです。

テークバックでフェースが開かない(リーディングエッジが離陸しない)のは、ノーコックでテークバックすることが原因です。

110~111ページにコッキングを使ったテークバックと、ノーコックのテークバックの写真があります。それを見れば一目瞭然ですが、ノーコックだとフェースが開かないため、リーディングエッジは地面を向いています。

この状態でダウンスイングに入り、ミニアイアンショットのインパクトになると、リーディングエッジが地面を向いているので、それだけ地面に突き刺さりやすいのです。突き刺さるとは、いわゆるザックリのことです。

ザックリを防ぐには、地面を向いているリーディングエッジを上空に向ける必要がありますが、ノーコックで上空に向けるにはしゃくり上げなければなりません。

しゃくり上げると、スイング軌道やクラブ特性からみてもトップする可能性が非常に高くなります。アマチュアゴルファーの多くがアプローチでザックリやトップを繰り返すのは、コッキングを正しく使ってリーディングエッジを離陸させることができていないからです。

コッキングを使ったテークバック

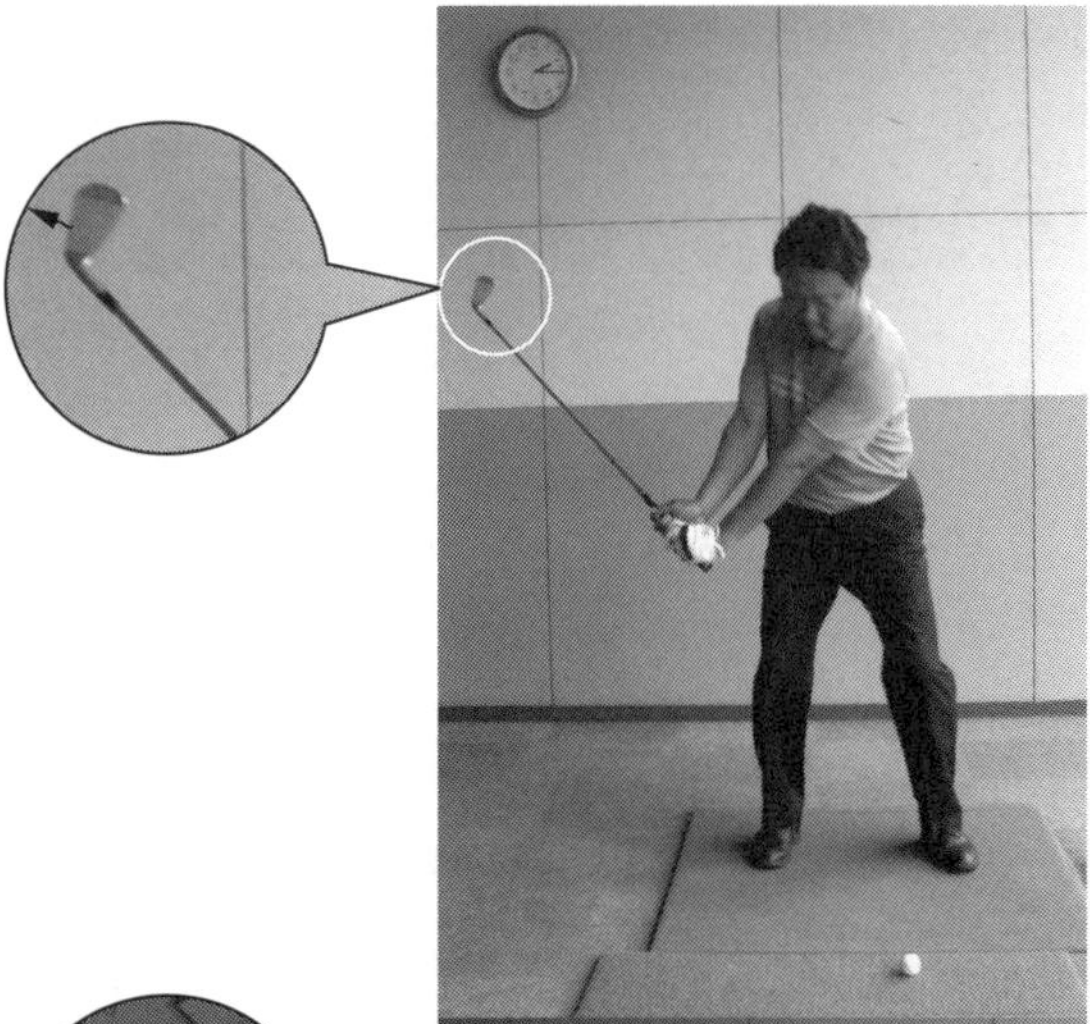

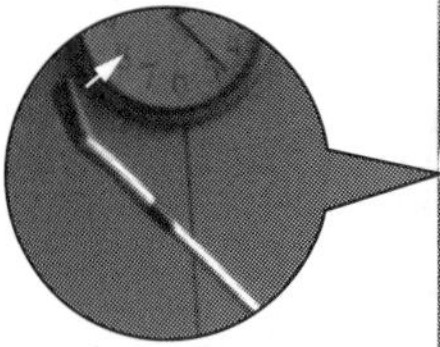

テークバックでコッキングを使うと、フェースが開き出し、リーディングエッジが上を向く。

ノーコックのテークバック

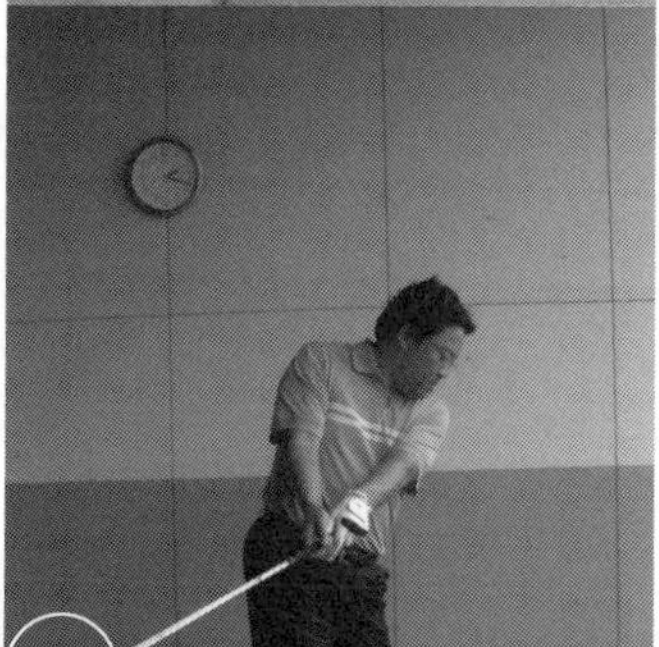

ノーコックでテークバックすると、リーディングエッジは地面の方向を指し続ける。

ザックリには「いいザックリ」と「悪いザックリ」がある

アプローチの場合、リーディングエッジの離着陸がテークバックからインパクトの成否を決めるわけですが、ミスも時には出るものです。

しかしながら、同じ結果（ミス）になるとしても、リーディングエッジの離陸ができているかどうかで、その仕組みは全く違います。

コッキングを使ってリーディングエッジが離陸できた場合、飛行機の着陸に例えるなら、エッジは上空の高い位置（トップ位置）で、これから管制塔の指示にあわせランディングしようと待機している状態になるわけです。そして管制官からの許可がおり、下降態勢（ダウンスイング）に入り一気にランディング（インパクト）へと向かいます。

もちろん実際の航空機では許されないことですが、ゴルフではたとえタイガー・ウッズでも、エッジが着地するときにミスが出てしまうことがあります。しかし、これは自分で「何が起こったのか」を理解できるミスです。ということは、それを踏まえて練習を積めばミスの再発は防げる可能性があります。

リーディングエッジが下を向いた悪いザックリ

リーディングエッジが上昇しないと、スイング中にリーディングエッジは常に地面を向いている。そのため、リーディングエッジが地面に突き刺さる、いわゆるザックリのミスが出やすくなる。

多ロフトウェッジのドーナツ化現象

しかしながら、多くのアマチュアのザックリは、コックが使えないのでエッジが離陸せず、むしろ適正な軌道より低い軌道でテークバックされることに原因があります。

こういう低すぎるテークバックからトップ位置を迎え、いざダウンスイングに入ると本能的にはエッジをボールに向けて下降させるので、間違いなくボールの手前にエッジが墜落する（ザックリ）ことになるわけです。

それが続くと、今度は墜落を防ごうとしてもう一度エッジを緊急上昇（トップ）させたり、手を前に出してランディングのポイントをずらそう（シャンク）とします。

この状態では、どんなに練習してもミスの改善にはつながらず、「いったい、自分に何が起こっているのか」ということがわからないため、心理的にも追い込まれてアプローチイップスへと向かってしまうのです。

これらのミスの原因は、テークバックでエッジが正しい軌道よりも下がっていることなのですが、それには気がつきません。要はテークバックでエッジが動き出したそのときから、ザックリしているのです。

ザックリには着地するときにミスするケースと、クラブが動き出したその瞬間から、ミスの原因を作ってしまっているケースがあるということです。

ちなみに、ハンドファーストに構えてノーコックでエッジを下げて打つタイプのゴルファーは、ロフト角がより多いウェッジを使おうとする傾向があります。ロフト角が60度のウェッジのほとんどは、ヘッドの重心位置がヘッド内にはありません。ドーナツの重心位置がドーナツの中心にはないのと同じで、ウェッジはロフトが増えると、設計上、重心位置がクラブという物体の外に出てしまうのです。

ゴルフクラブに限らず、一般的に物体の重心はその物体の内部に収まっていますが、多ロフトのウェッジはそうなりません。そのため、実際の物体の外に重心のある道具を使うということになります。重心が物体の外にあると、当然とても扱いにくいクラブになるため、トッププロや一部のトップアマ以外が使うことはオススメしません。

正しい打ち方ができれば、サンドウェッジは56度のロフト角で十分です。56度あれば、通常プレーするうえでは、どんな状況にも対応できるものなのです。

距離感が出しにくいノーコックのアプローチ

リーディングエッジが離陸しないノーコックのアプローチは、他にもさまざまな問題点があります。ノーコックだとフェースの開閉がほとんど起こらないため、打ち方としては「面」だけを使ったショットになります。

テニスや卓球のラケットのフェース面をイメージしてください。面だけを使った打ち方とは、ラケットのフェース面の向きを変えずに、目標方向に真っすぐに押し出すような打ち方です。面でボールを運ぶような打ち方ともいえます。

ノーコックで面でボールを運ぶように打つと、フェースの開閉といった動きがないためミート率は上がります。しかし、弾道はポーンという軽いもので、スピンもほとんどかかりません。

テニスでも卓球でもスピンをかけるには、インパクト時にフェースを被せてトップスピンを打ったり、開いてスライスを打ったりします。フェースを被せたり、開いたりするのは基本的に手首の動きが主となって行われます。ゴルフでいえば、コッキング&リリースです。つまり道具を使ってボールを打つスポーツでは、必ず手や手首を使って打つのです。

テニスや卓球にもいえますが、初心者のうちは面だけでボールを打ち、ポーンとした弾道のボールしか打てなくても、飛ぶだけで楽しいものです。しかし、ある程度上手くなってくると、ポーンという弱い弾道のボールばかりでは、相手のチャンスボールにしかならないことに気づきます。

ゴルフに置き換えれば、面だけで打つ技術はフェアウェイといった好条件のライから打つ場合に限られるのです。深いラフや傾斜地など条件が悪い場合、面だけで打つことには限界があります。このことは、ゴルファーなら容易に想像できるでしょう。

またノーコックで、面だけで打つショットはスピンが少ないので距離感が出ません。よくノーコックの打ち方を勧めるコーチは、「振り幅を8時から4時、9時から3時などにして距離感をつかみましょう」といいます。

振り幅を決めて打つのもアプローチの基本ですが、これもやはりライのよい状況から、ピッチエンドランでグリーンを狙うといった場合に限られます。

ポーンというスピンの少ない弾道は、キャリーしてからどのくらい転がるのかをつかむのが難しいのです。下りの斜面に落ちればどこまでも転がり、上りの斜面に落ちれば思ったほど球足は伸びません。

悪いライからや池越えなどの状況では、面だけを使って打つのが難しいことをゴルファーは自然に察知します。そして、何とかしてその状況に対応しようと、ほとんどのアマチュアゴルファーは次の手を考えます。

カットに打ってスピンをかけようとか、フェースを開いてオープンスタンスに立って打つ、というようなことです。

サンドウェッジはインパクト時の衝突エネルギーが飛距離ではなく、高さとスピンに向かうように作られています。特別な状況は別ですが、サンドウェッジで正しい打ち方さえできれば勝手に高いボールになり、スピンもかかるのです。つまり、カットに打つとかオープンに立つといった難しいことをいつもする必要はないのです。

「奥行感」が距離感の正体

コッキング&リリースを使うこの打ち方は、フェースの開閉、リーディングエッジの離着陸で緩みのないインパクトを作るため、ノーコックでのポーンと運ぶような打ち方とは弾道がまったく違います。

ノーコックで、面で打つ弾道は次ページ左上のイラストのような放物線ですが、コッキング&リリースの弾道はいきなり高く打ち出され、それが突然ストンと落ちるような弾道です（左下のイラスト）。

基本的に世界レベルのトッププレーヤーは、みんなこのホップするような弾道のアプローチをしています。ホップして上昇したボールが、突然、真下に落ちる。そういった弾道のアプローチショットを打つのです。

なぜこのショットが世界的なスタンダードなのかというと、放物線の弾道より、はるかに距離感が出るし、出しやすいからです。

距離感はスピンの量で調整するものです。つまり、スピンコントロールすることで距離

ノーコックの放物線弾道

コッキングを使ったホップ系の弾道

感は作られます。ノーコックで面の打ち方はスピン量が少ないため、どの程度飛んで、着弾してからどのくらい転がって止まるのかをつかみにくいのです。前述したように、傾斜などに大きく左右されてしまいます。

基本的にコッキング&リリースは、リリースによる「押し込み」があるため、インパクトが緩まず、スピンが強く入ります。スピン量を少なくしたいときは、コッキングとリリースの速度や力加減をセーブして、フェースの開閉速度を落とせばよく、逆にもっと強くしたいときは、フェースの開閉速度を上げてリーディングエッジがスクリューのように回転した状態でインパクトすればよいのです。

つまり、コッキング&リリースはスピンコントロールがしやすいので、当然、距離感も出しやすいのです。

では、「距離感」とはいったいどんなものでしょうか。一般に、どんなものを距離感だとイメージしているのでしょうか。

距離感の正体は「奥行感」であり、奥行感とは「ボールがこれ以上飛ばない」という感覚のことです。

世界のトッププロのアプローチショットは突然、ストンと落ちると話しましたが、これがまさに奥行感です。

打ち出されたボールが目に見えない壁に当たって、突然、真下に落下する。こういう弾道が最も距離感が出て、スピンも入りやすいのです。

タイガー・ウッズやアーニー・エルスなどは、ロングアイアンでもこういう弾道の球を打ちます。その理由はもちろん、距離感が出るからです。そして、奥行感のあるショットは、狭いターゲットに対して打ちやすいというメリットもあります。たとえば、グリーン手前に池が食い込んでいて、ピンが池に近いところに切ってあるといった、いわゆるピンポイントで狙わなければならないケースに強いのです。

矢のようなライナー性の弾道で距離感を出す、いわゆる、突っ込み型のショットが上手いプロもいますが、世界のトッププレーヤーをみた場合、先のような理由から圧倒的に奥行感タイプが多いのが実状です。

中級者以上は必ずマスターすべき「コッキング&リリース」

コッキング&リリースがなぜゴルフ技術の王道なのか、その理由を紹介してきましたが、要約するとポイントは以下の四つになります。

①テコが入るので、飛距離が伸びる。
②リーディングエッジの離着陸ができるようになるため、難度の高いライに対応できる（アプローチショットやバンカーショットも含めて、すべてのショットの技術の幅が広がる）。
③フェースのコントロール（フェースの開閉）ができるようになるため方向性がよくなり、スピンコントロールが可能になる。
④スピンコントロールができるようになるため、距離感が出しやすくなる。

ここに挙げた四つは、ゴルファーなら誰もが身につけたいと思う技術ばかりです。つまり、ベン・ホーガンはコッキングの研究によってこれらをマスターしたことで、グランドスラマーへと辿り着いたのです。したがって、コッキング&リリースはゴルフ技術の王道だといえるのです。

とはいえ、正直言ってコッキングは一つの壁であることには違いありません。

私のレッスンでは、最初にノーコックのハーフショットドリルを行ってボールストライキングの向上を目指しますが、このドリルで劇的に上手くなったアマチュアの方々に次のステップとしてコッキングをレッスンすると、「何で今さらコックなの?」と、みなさん戸惑います。

その戸惑いを払拭するために、これまで本書でお話ししてきたことを生徒さん方にも説明するのですが、コッキングの意味と役目を理解すると、前述してきたように、飛距離が伸び、アプローチショットのスキルも一段とアップします。

初心者がスイングを覚える過程の第一歩として、ノーコックで打つことは大切ですが、レベルアップを望む中級者以上は、コッキングによって開いたフェースをリリースによってスクエアに戻すという技術を絶対にマスターするべきです。フェースの開閉をコッキング&リリースで行うことができると、ショットバリエーションが増して、スキルアップを実感できます。

ではなぜ、これほど大切なコッキングが近年は軽視されてきたのでしょうか。その理由は「コックは小手先の技術」とか「ボディターン」「大きな筋肉で飛ばす」といったことを、ゴルフメディアがさんざん言いはやしてきたためでしょう。

あとは、ドライバーが「長・軽・大」になってきたため、コッキングが注目されなくなったということも否定できません。ひと昔前のパーシモンや初期のメタルドライバーは「短・重・小」だったので、非力なアマチュアではなかなか振り切れませんでした。

振り切るとは、つまり遠心力を使うということで、現在の長・軽・大のドライバーはまさに振り切るのに適したクラブといえます。そのため、非力な人や女性でも、遠心力を使ってドライバーの飛距離が出せるようになりました。

しかし、アイアンやウェッジでドライバーに比例した距離を打てている人は、クラブが進化した現在でも、そうたくさんいるわけではありません。理由はもちろん、アイアンは短・重・小なので、ドライバーのように遠心力が作れないからです。

短・重・小のクラブはコッキングやクラブ自体の重さ、体重移動といったものを上手く使い、シャープに振ってヘッドを走らせる必要があります。つまり、短・重・小のクラブを使いこなすには「技」がどうしても必要なのです。

その技の正体がコッキング&リリースで、これを使えばテコの作用が利用でき、また、ヘッドを高い位置まで運ぶことができるので、その落下エネルギーも利用できます。

ドライバーは打てるけど、アイアンは苦手というアマチュアゴルファーが多いのは、コッキングを使えないからであって、その点からもコッキング&リリースがゴルフ技術の王道だといえるのです。

1本のウェッジで距離の打ち分けができる

距離感と奥行感の話が出たところで、ここからはサンドウェッジ、アプローチウェッジ、ピッチングウェッジを、ソールを使って打った場合と、ミニアイアンの打ち方をした場合とでは、どの程度距離に差がでるのか、その目安を紹介しましょう。

次ページの表はそれぞれのウェッジを、ウェッジの打ち方をしたときの距離と、ミニアイアンの打ち方をしたときの距離を比較したものです。

ベン・ホーガンは、「サンドウェッジを正しい打ち方で打った場合、その飛距離は60ヤード」といっています（ロフト角が56度の場合）。そして、ミニアイアン的に潰して打っても85ヤードが限界だといっています。

アマチュアゴルファーの中には、「オレはサンドウェッジで１００ヤード打つ！」という人がいますが、要するに、こういった人はサンドウェッジをミニアイアン的に打っているから１００ヤード飛ぶのであって、飛ばし屋というのとはちょっと違います。

逆に１００ヤード打つ人はハンドファーストで、インパクトロフトがかなり立っているため、もともとロフト角の少ないロングアイアンやドライバーでは飛距離が出なかったり、極端に弾道が低かったりする場合が多いのです。また、ロフト角が少ない番手になると、途端に球筋が不安定になる傾向もあります。

飛距離が出ない、球筋が不安定。これらはすべて、クラブ特性を活かしたスイングができていないために起こります。

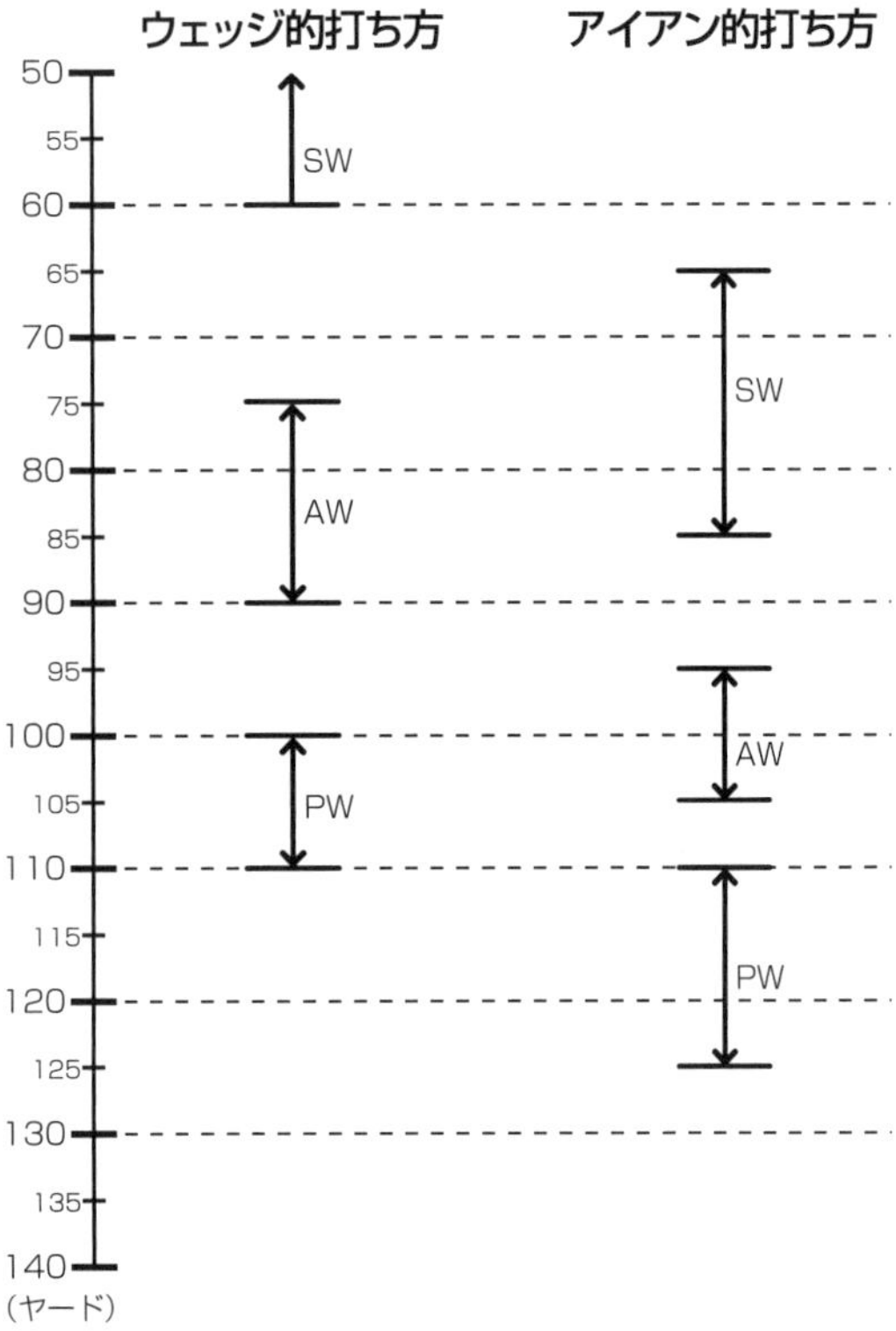
ウェッジ的打ち方
アイアン的打ち方
50
55
60
65
70
75
80
85
90
95
100
105
110
115
120
125
130
135
140
(ヤード)
SW
AW
PW
SW
AW
PW

ソールを使ってサンドウェッジが打てるようになると、ロフト角通りのインパクトがどういうものなのかを理解できるので、スイングが変わってきます。そして、ロフト角10度のドライバーからは10度にマッチした高い弾道のボールが打てるようになり、また、ロフト角通りに飛ぶことで飛距離もアップします。

もちろん、ロフト角56度のサンドウェッジもそれにマッチした高い弾道になり、飛距離もサンドウェッジの適正といえる60～70ヤードに落ちてきます。

そして、ソールを使って打てるようになると、一本のウェッジでカバーできる距離の幅が広がります。その理由はウェッジをソールを使って打つ技術と、ハンドファーストでロフトを立ててアイアン的に打つ技術の二つが身につくからです。

再び、前ページにある表を見てください。サンドウェッジを、ソールを使って打った場合はＭＡＸで60ヤードの飛距離になりますが、アイアンのスイングで打てば85ヤードの距離まで打つことができます。

同じように、アプローチウェッジをソールを使って打つとＭＡＸで90ヤード前後ですが、アイアンのスイングで打てば１０５ヤード前後まで飛距離を伸ばせます。

ピッチングウェッジに至っては、ソールを使って打つことで飛距離を落とすことができるので、１００ヤード前後の距離までカバーできるようになります。

現在、アイアンセットに組み込まれているピッチングウェッジのロフト角は、ストロングロフトが流行している影響もあって45度がスタンダードです。45度はノーマルロフトのクラブなら9番アイアンに相当します。ソール形状や重心位置などの関係があるため、断定することはできませんが、ロフト角だけをみた場合、45度のロフト角で１００ヤードを打つことはまずないでしょう。

しかし、ストロングロフトの45度のピッチングウェッジを使う場合は、ソールを使って打てば１００ヤードをピッチングウェッジで打てるのです。要するにソールを使って打つことができると、ピッチングウェッジでカバーできる距離幅が非常に広くなるので、極端にいえばアプローチウェッジが不要になるのです。

最近、ストロングロフト化の影響でウェッジを四本入れるセッティングがゴルフ雑誌などで話題になっていますが、あれは特別なコースでプレーをするトッププレーヤーだからこそ必要なセッティングです。アマチュアゴルファーはウェッジを必要以上に増やすよりは、ロングショットの不得手なゾーンに対して複数のユーティリティなどを加えたほうがゴルフがやさしくなるはずです。

ボールの種類とアプローチショット

ここからは、アプローチショットの重要な要素である「スピン」をボールの観点から解説したいと思います。

ゴルフショップへ行くと、さまざまな種類のボールが売られていますが、その種類を大別するとスピンタイプとディスタンスタイプに分けられます。

基本的にプロ・上級者向けのスピンタイプはコアが硬く、カバーが柔らか。アベレージやシニア、レディース向けのディスタンスタイプはコアが柔らかで、カバーが硬いといえます。

グリーン周りのアプローチショットはプロ・アマ関係なくヘッドスピードが低速なので、

ボールのコアはほとんど変形しません。つまり、コアの要素をそれほど重視する必要はありません。

低速ヘッドスピードのアプローチショットで重視すべき点はカバーにあり、カバーとの関係性が最も大切といえます。

カバーは主に「ウレタンカバー」「サーリンカバー（アイオノマーカバー）」「ブレンドカバー」の三つに分けられます。ブレンドカバーはウレタンとサーリンをミックスしたものです。

ウレタンカバーのボールは基本的にスピンタイプのボールで、プロや上級者が好んで使用しています。ウレタン素材はとても柔らかいのが特徴なので、打感はソフトです。

サーリンカバーのボールは基本的にディスタンスタイプのボールで、飛距離重視のアマチュアゴルファー向けといえます。サーリン素材は硬めなので、打感は「カツッ」としたハードな感触です。

そして、この二つのよいところをミックスしたものがブレンドカバーで、スピンが欲しいが飛距離も欲しいという、アマチュアゴルファーならではの欲求を満たすよう開発されています。打感もウレタンとサーリンの中間といえます。

この中で、最もスピンがかかるのはウレタンカバーです。カバーが柔らかいので、非力な人や女性でも十分スピンがかかって、ピタッと止まります。砲台グリーンのコースやグリーンが硬く締まっているコースなどでは、そのスピン性能がいかんなく発揮されるでしょう。また、ウレタンカバーはチップショットなど、打ち出しの初速が速くても、ファーストバウンドしたときにキュッキュッとしたスピンがかかるので、インパクトが緩まなくなります。

ただし、ウレタンカバーのスピンタイプのボールはコアが硬いため、ヘッドスピードが速くないとコアが潰れません。つまり、ヘッドスピードの遅い人が使うとドライバーやアイアンショットで飛距離が出にくくなるといえます。

最もスピンがかからないのがサーリンカバーで、サーリンカバーのボールは「高さ」で止めることが求められます。次ページのイラストを見てください。高さで止めるとはボー

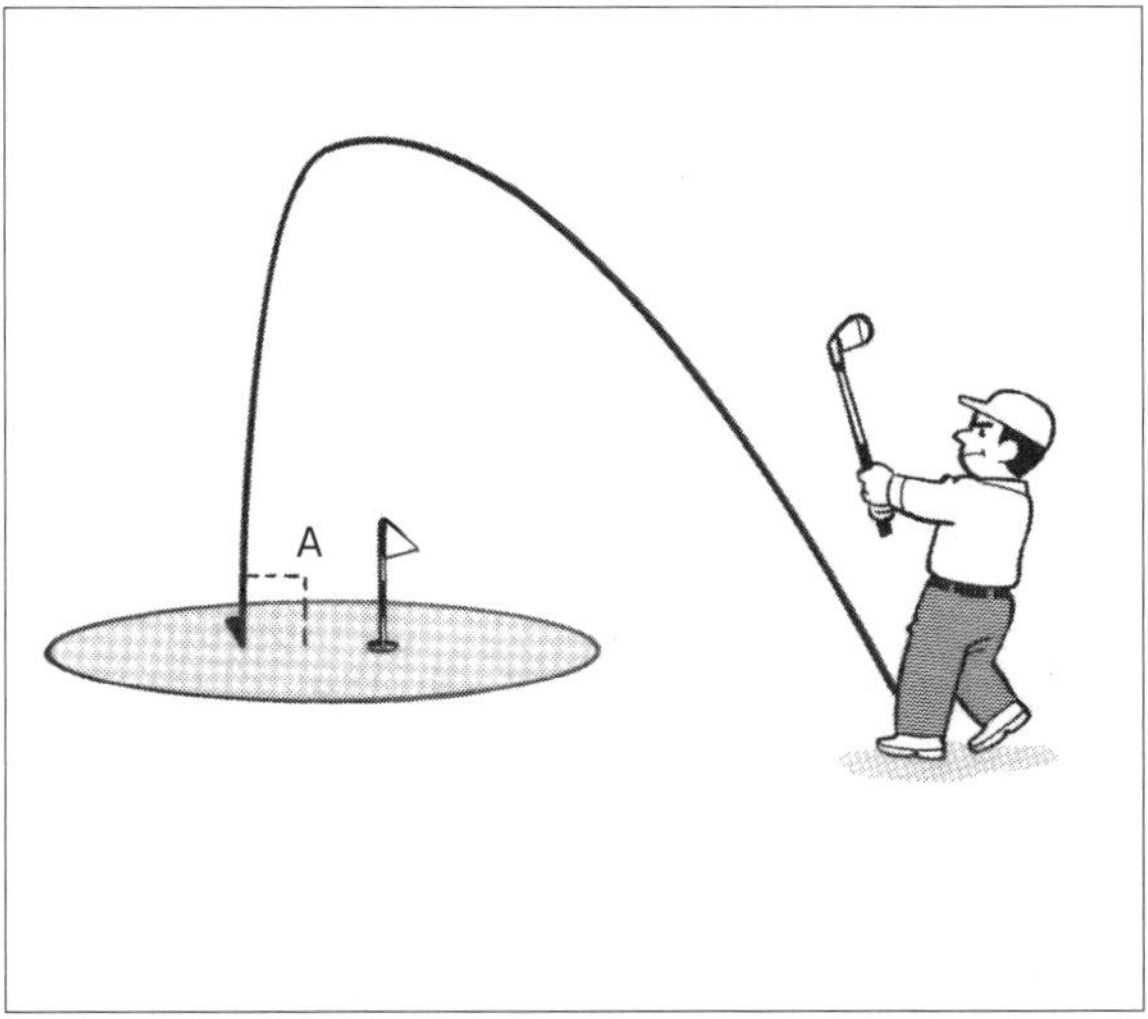

ルが落下したときの角度、上のイラストの「A」の角度をできるだけ90度に近づけるということです。

極端な話ですが、Aの角度が90度ならスピンがまったくかかっていなくてもボールは止まります。つまり、ボールが止まるというのはスピンよりも落下する角度のほうが重要なのです。そのため、前述したように、世界のトッププロはホップして、ストンと落ちるような奥行感のあるボールを打つのです。

そして、サーリンカバーはボールの打ち出し速度が速いチップショットなどでは、ファーストバウンドでスピンがかからないため止まりません。できるだけ柔らかいタッチで打ち、ランディングもソフトにする必要があります。

　ただし、サーリンカバーのディスタンスタイプのボールはコアが柔らかいため、ヘッドスピードが遅くても、十分コアが潰れ、ドライバーやアイアンショットで飛距離アップにつながります。

　ブレンドカバーは先の二つのよいところをミックスしたもので、最近、最も売れているのがこのカバーのボールです。

　ボール選びは飛距離を優先させるとスピンが減少して止まりにくくなり、スピンを優先させると飛距離が出にくくなる傾向にあります。そのため、自分のプレースタイルをよく考慮したボール選びが大切なのです。

第5章

コッキング＆ソールを使う技術を自分のモノにする

正しいコッキングを体感してみよう

グリップエンドを左方向へ押し込むドリル

ここまで、ベン・ホーガンが遺してくれた「ソールを使う」ことのメリットと、「コッキング&リリース」の重要性をお話してきましたが、この章ではそれぞれの技術をマスターするためのドリルを紹介していきます。

まずは、ゴルフ技術の王道である、「コッキング」をマスターするためのドリルを紹介しましょう。用意するクラブはピッチングウェッジで、ショットでいえば転がして寄せるチップショットで練習します。

そしてこのドリルでは、アイアンショットにおける正しいインパクトポジションが身につくのに加えて、すべてのスイングで正しいコッキングができるようになります。

正しいコッキング1

右手でグリップの下部を握り、左手の平をグリップエンドにあてがいます。

左手をあてがったら、左手の平でグリップエンドを左方向へ押し込み、クラブヘッドが急角度で上昇するようにします。

後方から見ると、シャフトプレーンとボールが結ばれています。つまり、オンプレーンの状態になっていることを表しています。

ふつうにグリップしたら、写真1、2の要領でグリップエンドを左手で押し込みコッキングをします。

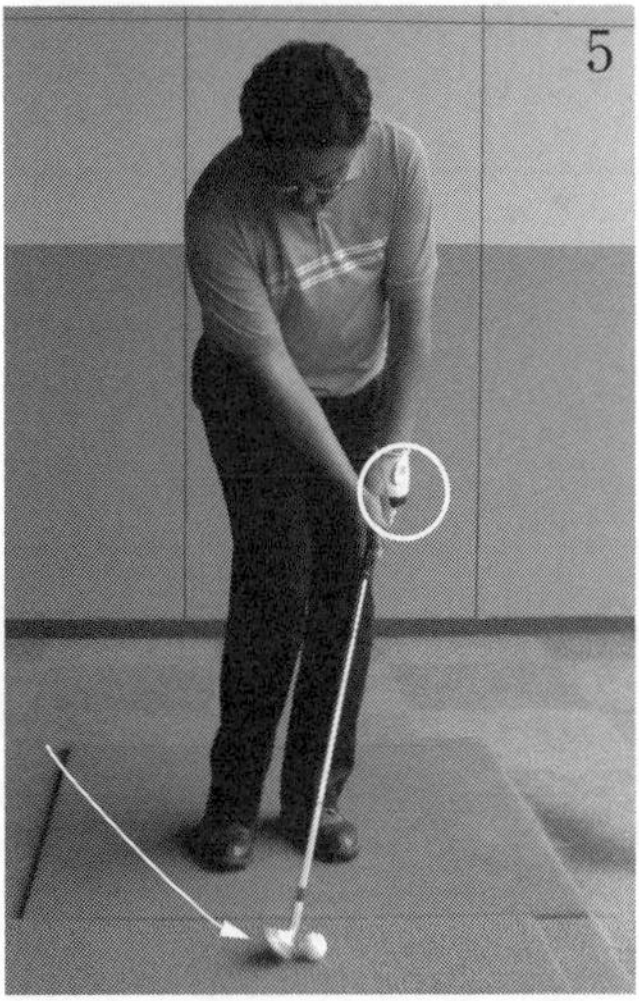

コッキングが完了したら、ヘッドがヘッド自身の重さで自然に落下するようにインパクトをします。このヘッドの落下がリリースの基本になり、落下させるときの注意点はグリップエンドの位置を動かさないことです。

間違ったコッキング１

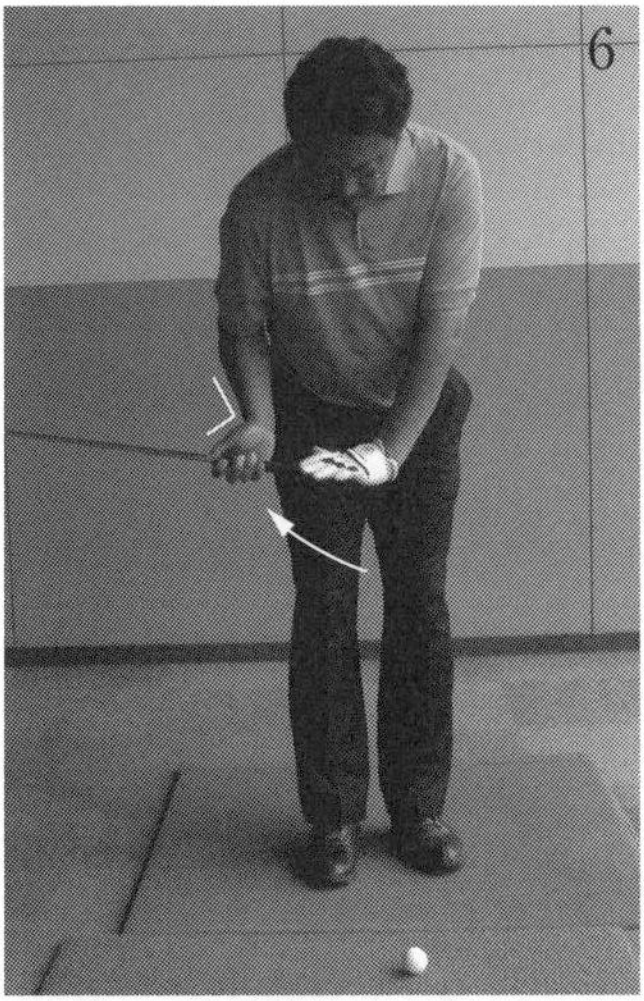

左手の平でグリップエンドを押し込むのではなく、右手でクラブを引きつける形になってはいけません。

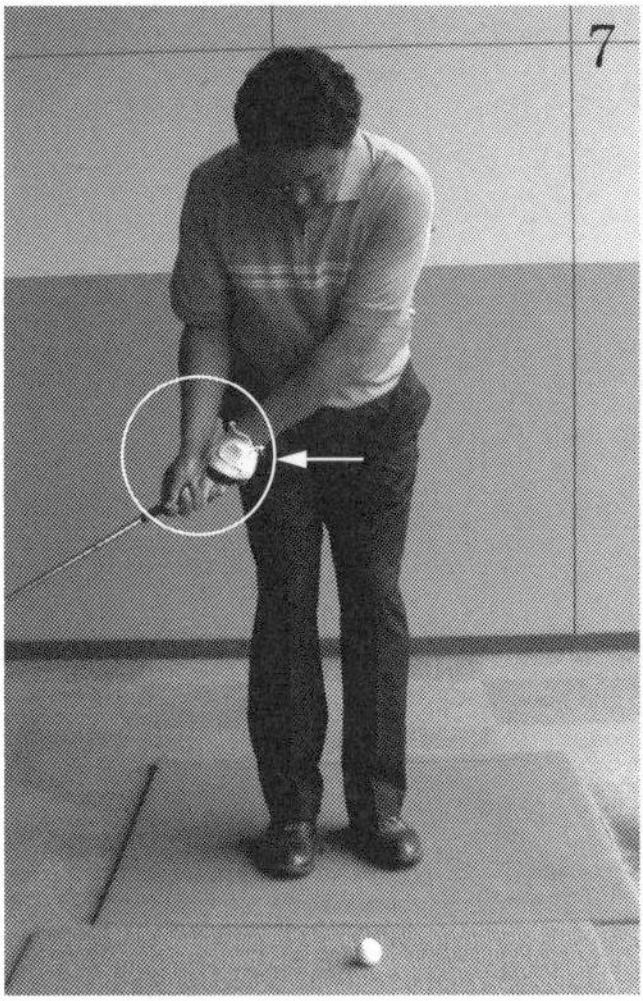

右手で引きつけると、実際にグリップしたときはこのようにグリップ位置が動き、手でクラブを上げていることになり、コッキングされません。

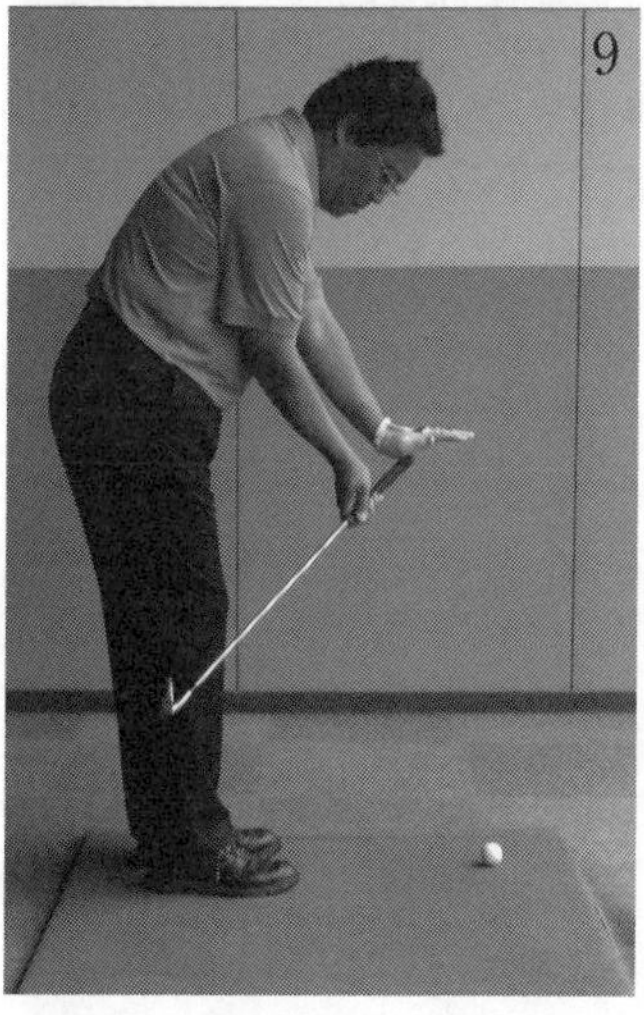

左手でグリップエンドを押し込んでも、シャフトプレーンとボールが結ばれていないのは、間違った方向に押し込んでいるからです。これでは、テークバックした途端、クラブがオンプレーンから外れてしまいます。

正しいコッキング2

ここでは、コッキングとリリースのメカニズムをよりわかりやすくするために、板を使って解説しましょう。これはアドレスの状態です。

コッキングした状態です。グリップエンドが左太ももの外側に移動しているのが分かります。また、右腕の前腕がほとんど動いていないことも確認できます。

インパクトです。前の写真で移動したグリップエンドの位置を支点にして、クラブヘッドが下りていることがわかります。

フォローです。コッキングによって左太ももの外側へ移動したグリップエンドを支点にして、ヘッドが下りて来る（リリースされる）ため、スイングの最下点は移動したグリップエンドの真下になります。つまり、グリップエンドが移動したぶんだけ、自然とダウンブローになり、これがダフリを防ぎ、また、押さえ込んだ緩まないインパクトになるのです。

間違ったコッキング2

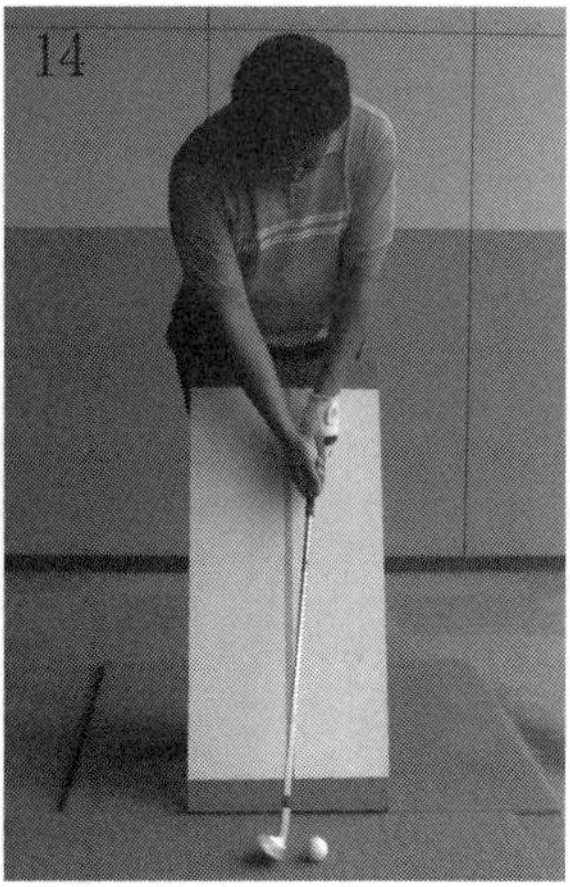

アドレスした状態です。

コッキングが入らないテークバックです。写真11と比べると、グリップ（手）が右側に動いているのがわかります。

インパクトです。コッキングが入っていないためリリースができず、手を左側に動かすことでインパクトするので、ハンドファーストになってクラブが遅れてきます。このようにヘッドの動きが少ない割に、手が左右に大きく動いてしまいます。これがアマチュアゴルファーの典型的なアプローチです。

ドリルのポイント

コッキングはグリップエンドを左手で左足太もも外側の方向に押し込んで行い、ヘッドが急角度で上がるようにします。

リリースはコッキングによって左側へズレたグリップエンドの位置にヘッドが下りるようにします。

こうすると、ヘッドは自然にダウンブローの軌道でボールとコンタクトし、また、スイングの最下点は自然と左手の真下になります。

つまり、左手が力点で右手が支点というテコの作用でヘッドを急角度で上昇させるため、グリップはアドレス時の位置からほとんど動きません。グリップの位置が右に動くのは腕でクラブを上げているためです。

ヘッドをリリースするときは、コッキングをほどくのではなく、ヘッドがヘッド自身の重さで自然に落下するようにし、フォローは不要です。ヘッドがマットに当たった抵抗によって止まるようにすればよいのです。

注意点は右腕をぜったいに動かさないことです。右腕を誰かに押さえてもらって練習すると、左手の動かし方がよくわかります。

練習するときのポイントは、2~3ヤード先にキャリーさせて、7~10ヤードくらいランが出るようにします。コッキングという最小の動きで、最強のインパクトをマスターしましょう。

ソールを滑らせるドリル

ヒザの沈み込みを使ってバウンスをマットに当てる

ここからはソールを使う（滑らせる）技術をマスターするドリルを紹介します。使うクラブはサンドウェッジです。

ソールを滑らせるドリル

ボールを三つ並べたら、左足を後ろへ退いて構えます。他人のパッティングラインをまたいで、ＯＫパットを入れるときのようなイメージです（ボールの間隔は適当でかまいません）。

ノーコックでテークバックします（パッティングのストロークと同じ）。

サンドウェッジのリーディングエッジをボールの赤道に入れ、トップボールを打ちます。イメージとしては、パッティングの要領でボールを転がします。

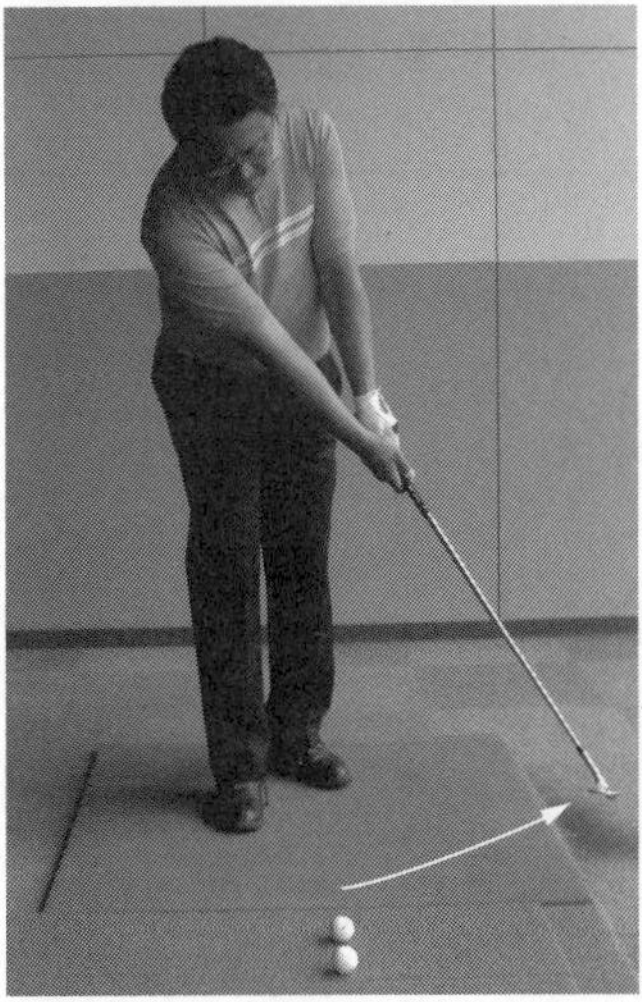

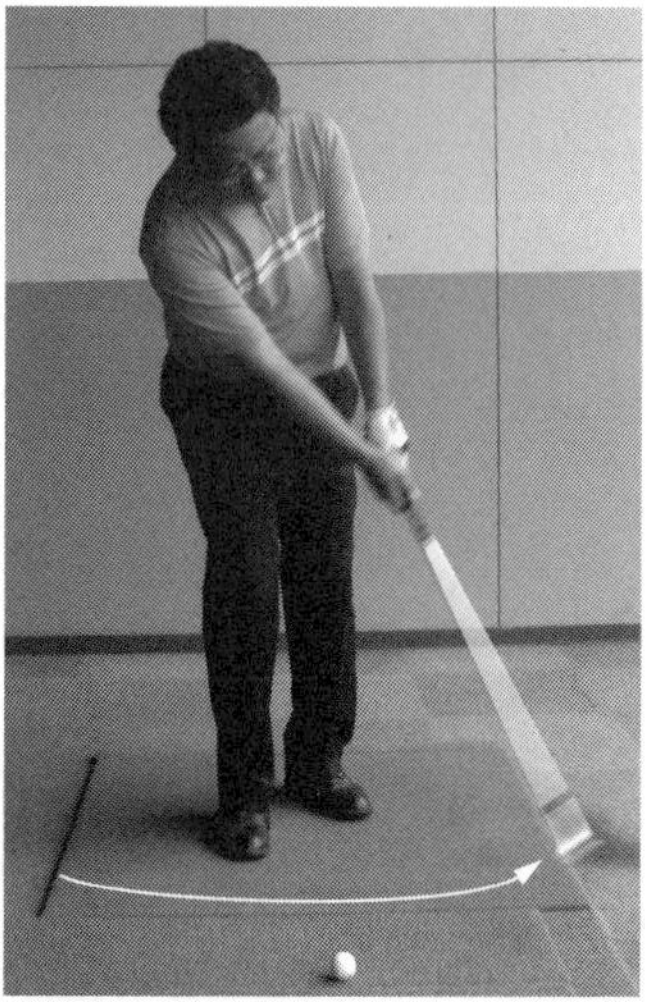

二球目も一球目と同じ要領で、ボールをトップさせて転がします。

三球目はインパクトの直前に右ヒザを沈ませ、バウンスを地面に当てながら、リーディングエッジをボールの赤道の下に入れます。

ドリルのポイント

アマチュアゴルファーのほとんどは、アプローチショット時のアドレスがハンドファーストになっています。

するとリーディングエッジとバウンスの両方が地面と接触してしまいます。つまり、ソールが使えるアドレスになっていないわけです。

そのため、まず行うべきことは、シャフトを垂直にしてアドレスすることです。シャフトが垂直になればバウンスのみが地面と接触するので、リーディングエッジは地面から浮き上がることになります。

リーディングエッジが浮くことに不安を覚える人もいると思いますが、これを怖がっているとソールを使って打つことはできません。リーディングエッジが浮くことによる不安を払拭しておきましょう。

ドリルでは、まずボールを三つ並べます。次にシャフトを垂直にして構えたら、左足を後ろに退いてアドレスします。

イメージ的には、他人のパッティングラインを跨いでOKパットを打つときのように構えます。そして、手前にある二個のボールは、リーディングエッジをボールの赤道にぶつけるようにしてトップボールを打ちます。

このときの打ち方はパッティングとまったく同じストロークでOK。サンドウェッジのヘッドを低く、真っすぐに動かして、5〜6メートル先にあるピンにボールをぶつけるようにストロークしてください。

二球ともトップさせてボールを転がしたら、三球目も同じストロークでトップさせるようにストロークします。しかし、インパクトの直前で右ヒザを沈み込ませ、バウンスをマットに当ててからボールを打ってください。

簡単にいうと、右ヒザを沈ませて、わざとダフって打てばよいのです。ダフって打つことでリーディングエッジはボールの赤道のやや下に入り、スピンの利いた高い球を打つことができます。

ダフってからリーディングエッジがボールにコンタクトするまでのわずかな間が、「ソールが滑っている」状態なのです。

これは、練習場の人工芝マットの上から練習するとよくわかります。まずソールがマットに当たる「トン！」という音が出てから、リーディングエッジがボールに当たる「コツッ！」という音を聞きます。

エッジをいきなりボールの赤道から南極に向わせてしまうと、「コツッ！」という音しかしないはずです。

一回のスイングで「トン！　コツッ！」という音が出せるようになったら、ソールを当てる位置をボールの近くに移していけば、「トッツ！」と音が変わってキレのいい入り方になるはずです。そこからも、ソールが先に地面に当たっているということが体感できるでしょう。

ドリルを行ううえでの注意点は、右ヒザを沈み込ませるとき、カラダが右に傾かないようにすることです。あくまでも、カラダが真下に下がるようにヒザを沈ませます。つまり、カラダの軸を傾けずに沈ませることが大切なのです。

また、ダフらせたときにバウンスが跳ね返ってきますが、この跳ね返りを押さえ込むことが緩みのないインパクト、すなわちリリースにつながるので、ここだけはしっかりと頭に入れておいてください。

コッキングを使って、ソールを滑らせるドリル

右サイドに体重をキープする

このドリルは先に紹介した二つのドリルをミックスしたもので、コッキングを使ってクラブを上げ、ダウンスイングでバウンスをマットに接触させてからボールを打ちます。

左足カカト線上に目印をつけ、ボールを左足の外側に置きます。アドレスはシャフトを垂直にした構えです。

コッキングを使ってクラブを上げたら、左足カカト線上の目印のところへバウンスが接触するようにクラブを下ろし、バウンスの跳ね返りを押さえ込みながら、ソールを滑らせてボールを打ちます。

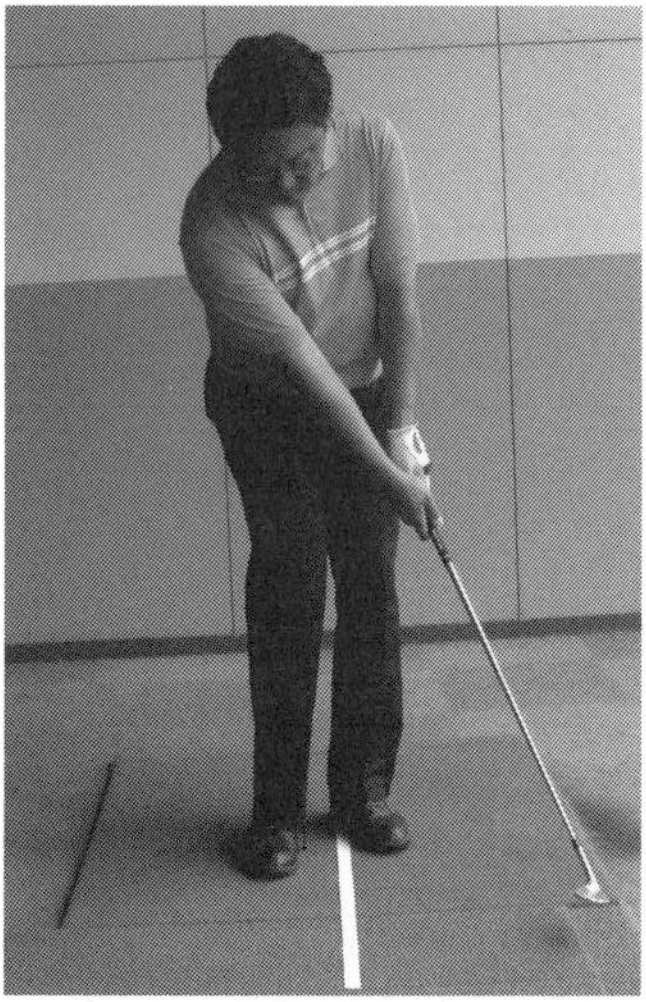

インパクトからフォローで、左サイドへ体重が移動しないように気をつけます。イメージ的にはヘッドファーストになるようにフォローを出します。

インパクトからフォローで体重が左サイドへ移動するのはアイアンの打ち方です。サンドウェッジでソールを滑らせる打ち方は、体重を右サイドにキープします。

慣れてきたらボールの位置を徐々に中に入れていきますが、コッキングの使い方やバウンスの入れ方は変わりません。

ハンドファーストになるとバウンスではなく、リーディングエッジが地面に接触します。

ドリルのポイント

コッキングとソールを滑らせる打ち方をミックスしたこのドリルは、サンドウェッジのフルショットはもちろん、バンカーショットや高い弾道が求められるケースで役立ちます。

また、右サイドに体重を残したまま振り抜くところが、ドライバーのスイングとの共通点になります。そのため、このドリルを繰り返し行うことで、ドライバーショットの理想とされるアッパー軌道が身に付き、飛距離を伸ばすことができます。

付録

ピッタリの一本に出会える最新ウェッジガイド

クリーブランド CG12 DSG

独特なソール形状は、打ち込むタイプにマッチする

クリーブランド CG12 DSG〈SPEC〉
●ヘッド素材／9620マイルドスチールカーボン
●ロフト角（バウンス角）／52（10）、54（12）、56（14）、58（10）、60（3）、64（3）度
●シャフト／①NS PRO 950GH
②トランクションウエッジ
●長さ（56度）／①35②35.25インチ

【ソール】

独特な山型の形状なので、どちらかというとソール面というよりは、リーディングエッジの面取り部分が肥大化してソールがなくなったという感じのウェッジです。そのため、ソールを滑らせて打つより、リーディングエッジを入れていく打ち方の人に向いていると思います。

【顔】

顔つきはニュートラルなティアドロップ形状なので、どんな人にも構えたときの違和感はないでしょう。つまり、近年のスタンダードな美顔のウェッジといえ、スクエア感も出しやすいタイプです。また、ソール形状も含めて、開いても構えやすいウェッジです。

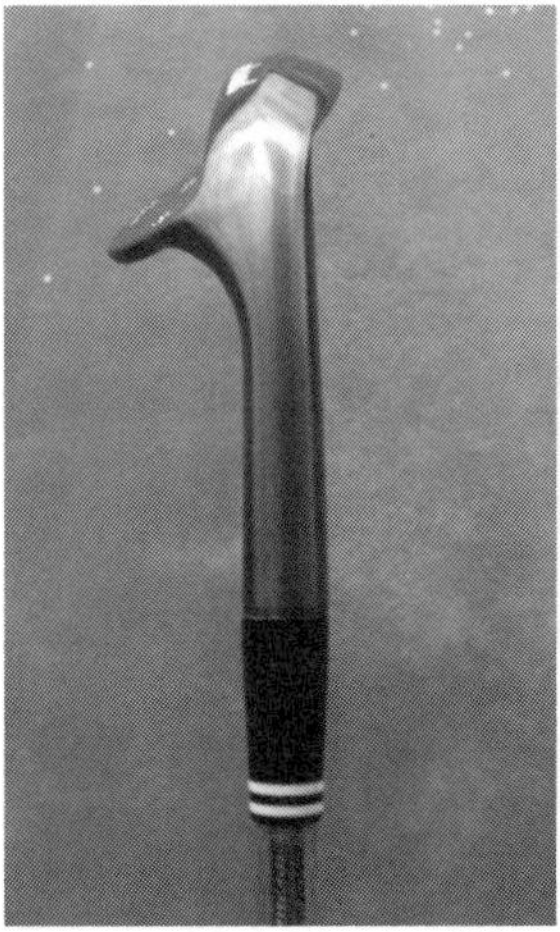

【リーディングエッジ】

独特なソール形状を持つせいか、構えたとき明らかにリーディングエッジが浮いて見えます。そのため、インパクトではある程度、打ち込んでいくことが求められ、ハンドファースト気味に構える人に合っているでしょう。

【面取り】

面取りが大きく、ソールの後方を削り落としているので、かなり独特といえます。そのため、ソールが跳ねる感じが強く、滑らせて打つタイプのウェッジとはいえないでしょう。

キャロウェイXフォージドウェッジ

プレーヤーのタイプを選ばない万能ウェッジ

キャロウェイXフォージドウエッジ〈SPEC〉
●ヘッド素材／軟鉄
●ロフト角（バウンス角）／48（10）、50（12）、52（12）、54（14）、56（14）、58（9／10）、60（9／10）、62（9）、64（9）度
●シャフト／①ダイナミックゴールド ②M10 DB③N.S.PRO 950GH
●長さ（56度）／①②③35.25インチ

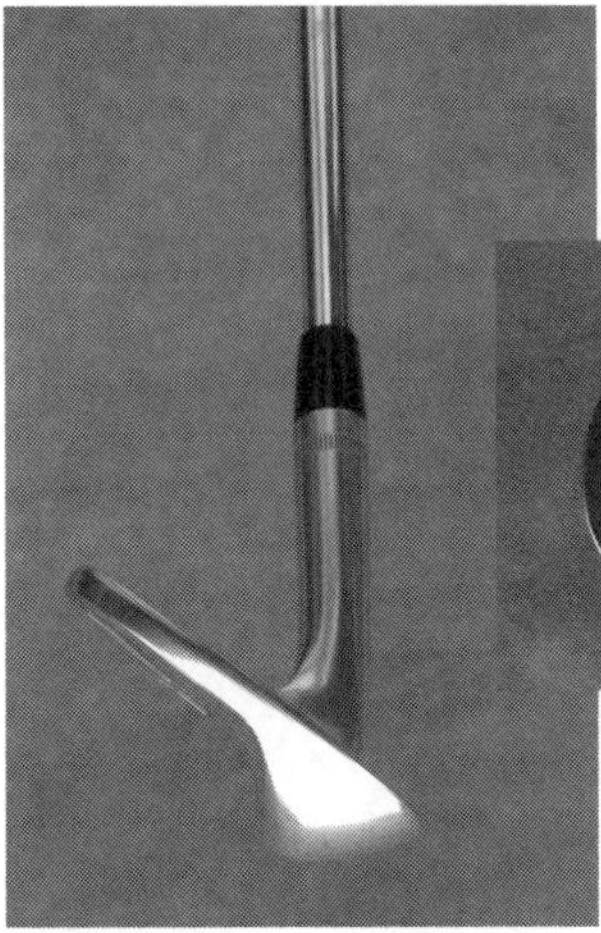

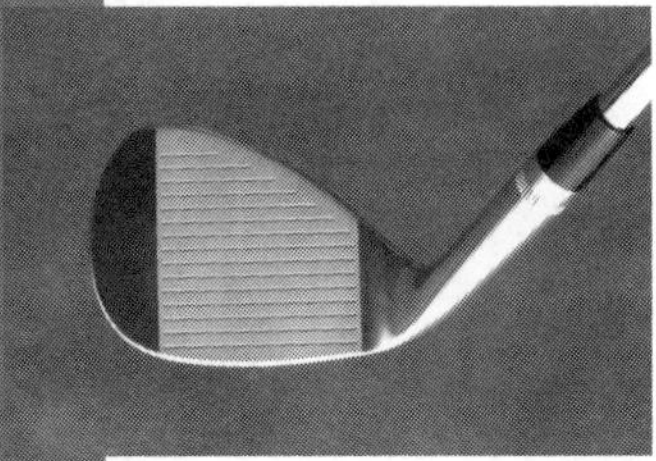

【ソール】

ソールはフラット感が強いので、全体が面となって滑るタイプのウェッジです。フラット感が強い割に、トゥ側とヒール側を少し削ることで、トゥヒール方向に丸みを帯びた形状にしてあります。そのせいか、ソールが一点で滑るスピード感があり、ソールを使って打つ人には心地いいでしょう。また、オートマチックにスイングしてもボールの赤道の下に自然とリーディングエッジが入り、スピンが利いて、球の高さも安定します。フラットソールの割には扱いやすく、ツアープロの使用率が高いのも納得できます。

【顔】

顔つきは若干グース気味で、ＦＰが小さめです。

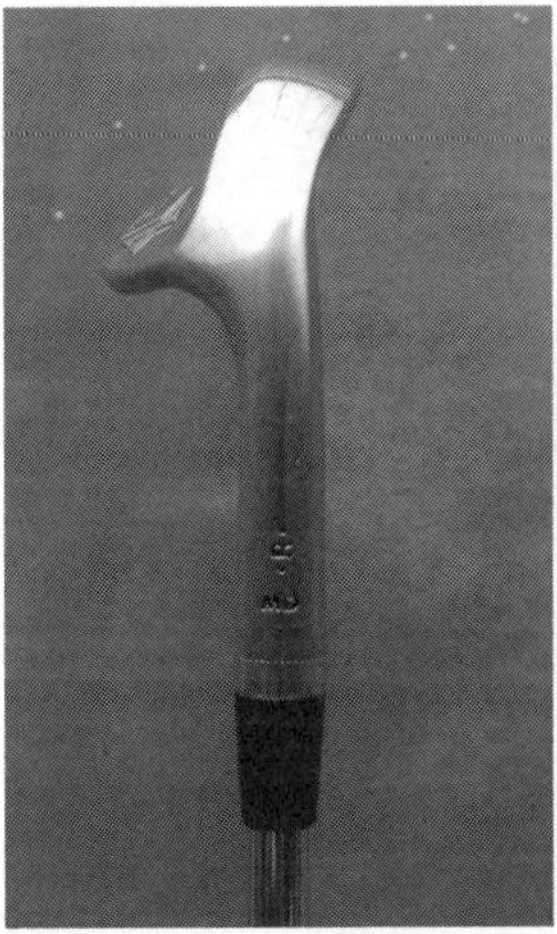

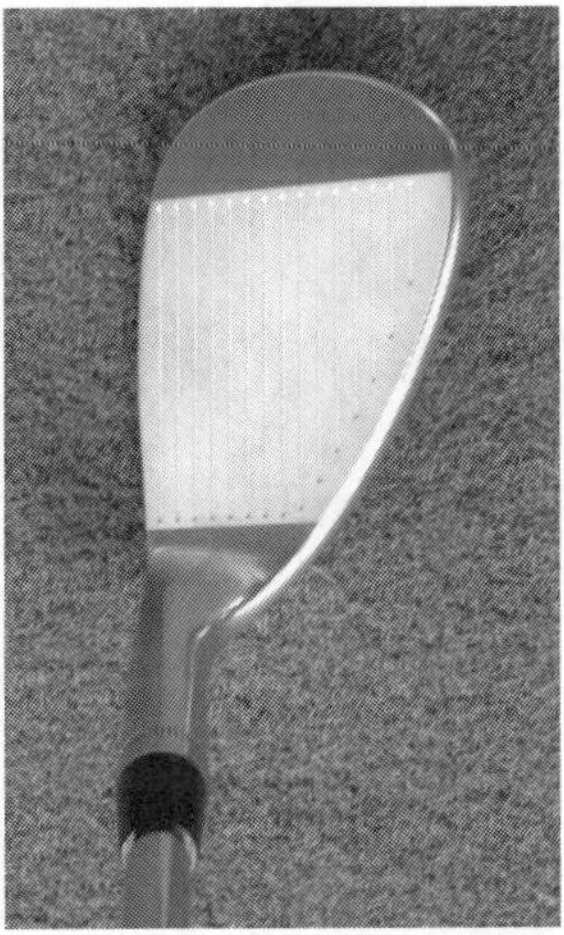

特筆すべき点は、打ち込むためにハンドファーストに構えても、ソールを滑らせるためにシャフトを垂直に構えても、違和感がないところです。

【リーディングエッジ】

リーディングエッジの面取りが絶妙なので、エッジから入れていっても地面に突き刺さることなくヘッドが抜けていきます。また、バウンス角の割にはエッジ高さが抑えめなので、浮いた感じはしません。このあたりは、設計やデザイン、削り方などに工夫を凝らしているためでしょう。

【面取り】

面取りはやや厚めなので、ソール同様、ヌケるイメージがあり、やさしさを感じさせます。

タイトリストボーケイTVD

ソールを滑らせて打つ
タイプには最適

タイトリスト ボーケイTVD〈SPEC〉
●ヘッド素材／軟鉄
●ロフト角（バウンス角）／52（8）、54（10）、56（12）、58（8）、60（8）度
●シャフト／①NS PRO 950GH②ダイナミックゴールド
●長さ（56度）／①②35.25インチ

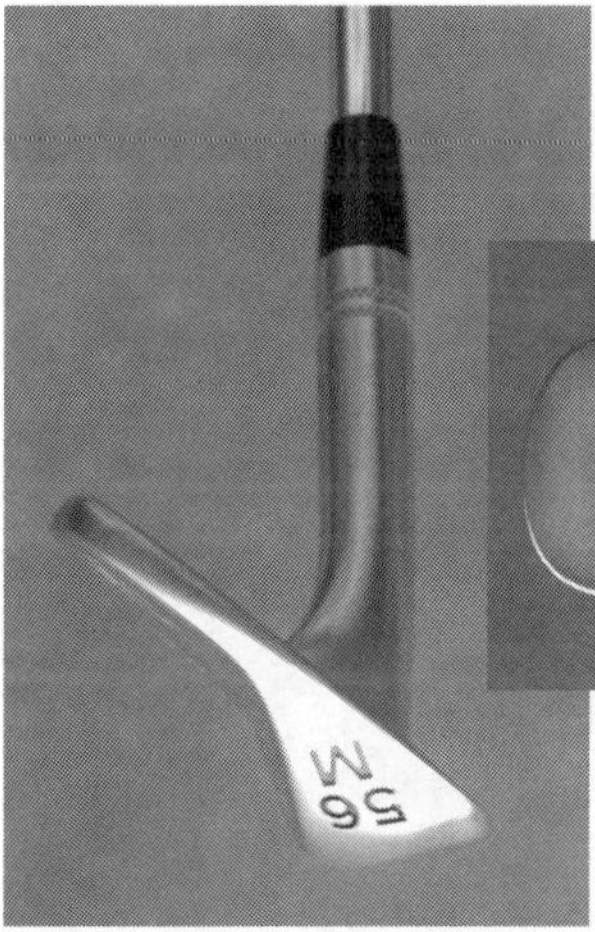

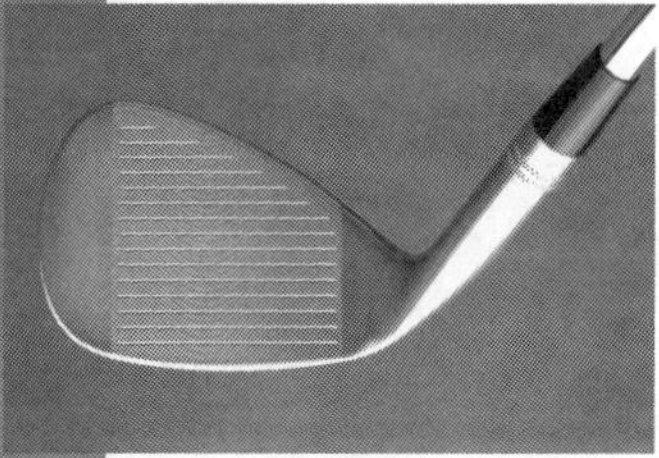

【ソール】

バウンス後方を削り落としてあるため、ソールを滑らせて打つのに最適といえるサンドウェッジです。また、重心特性的にフェースが上を向く方向に働くので、比較的ラクにボールが上がります。そのため、ボールが沈むライや硬くて締まったライから打つのに適しているといえます。逆に、打ち込んで低い弾道を求める人やシャープな操作感が好きな人にとっては、フェースが上を向く挙動が違和感となって扱いにくいかもしれません。このことから、使い手を選ぶサンドウェッジといえるでしょう。

【顔】

形状としてはティアドロップだといえますが、

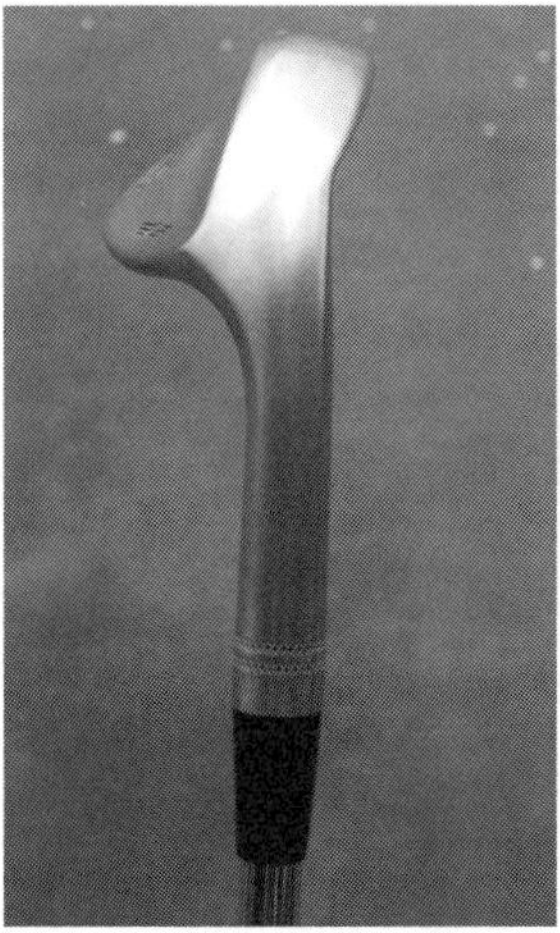

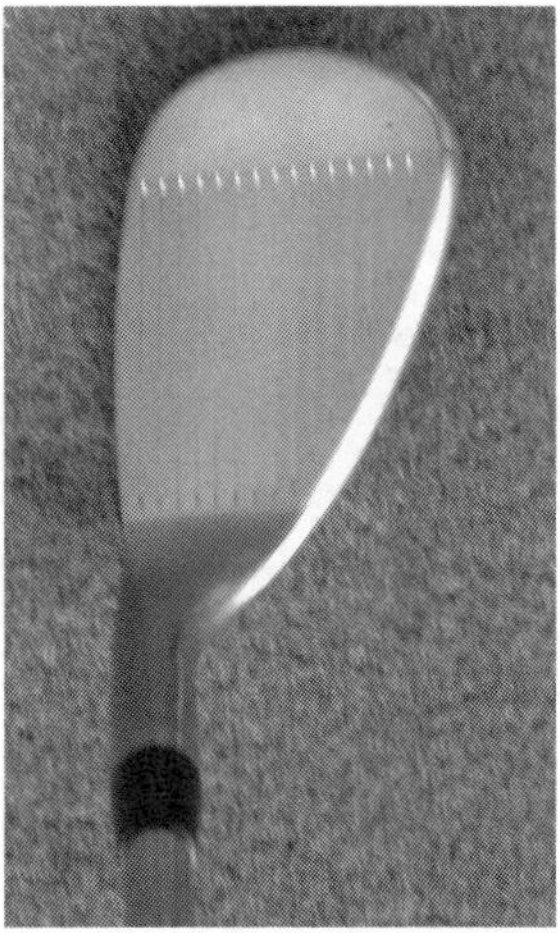

FPはそれほど大きくないため、リーディングエッジでボールを拾うイメージは強くありません。顔つき全体の印象はオーソドックスで、どんな人でも構えたときの違和感はあまりないでしょう。また、いわゆる大顔なので、安心感を抱くことができます。

【リーディングエッジ】

エッジ高さがそれなりにあるため、やはりソールを滑らせて打つ人に向いているといえます。

【面取り】

面取りの幅は、広くもなく狭くもなくといった感じで非常にオーソドックスですが、前述したようにシャープなウェッジとはいえないので、ソールタイプに向いたウェッジでしょう。

ナイキSVツアーウェッジ

重心特性を緻密に計算した
オールマイティなウェッジ

ナイキ SVツアーウェッジ〈SPEC〉
●ヘッド素材／軟鉄（8620カーボンスチール）
●ロフト角（バウンス角）／52（10）、56（10／14）、58（10）度
●シャフト／①NS PRO 950GH
②ダイナミックゴールド
●長さ（56度）／①②35.25インチ

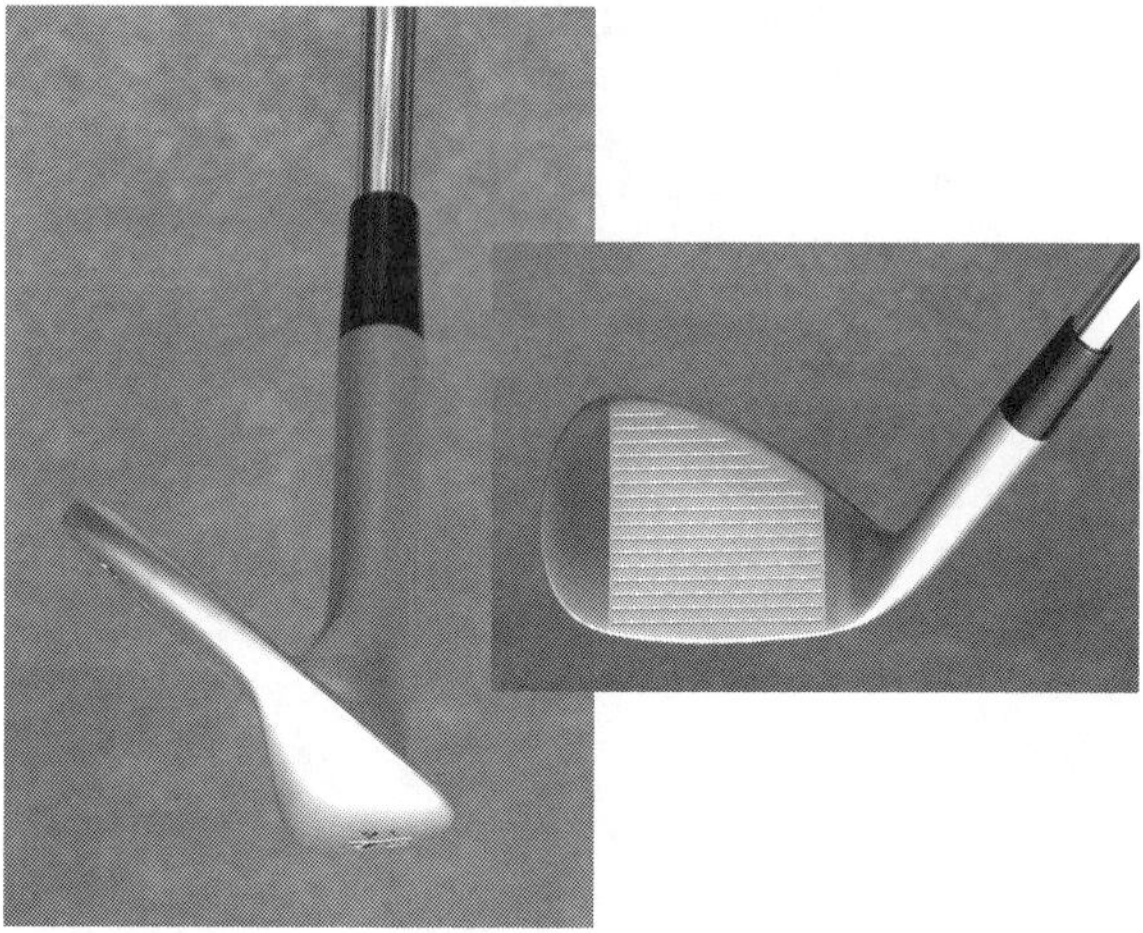

【ソール】

ソールのトゥヒール側をかなり丸く削り落として薄い感じがあるせいか、独特なソフトな打感がします。また、その打感と相まって強い球が出にくいため、アプローチには適しているでしょう。

さらに、ソールが丸いため、抜けがいいウェッジといえます。そして、ネックが長く高重心設計になっているため、スピンが利きやすい特徴を持っています。つまり、重心特性を緻密に計算して造られたウェッジといえ、ツアープロの使用率が比較的高いのも納得できます。

【顔】

ヘッドサイズは比較的大きめですが、ネックとフェースをつなぐ部分がストレートに近いため、

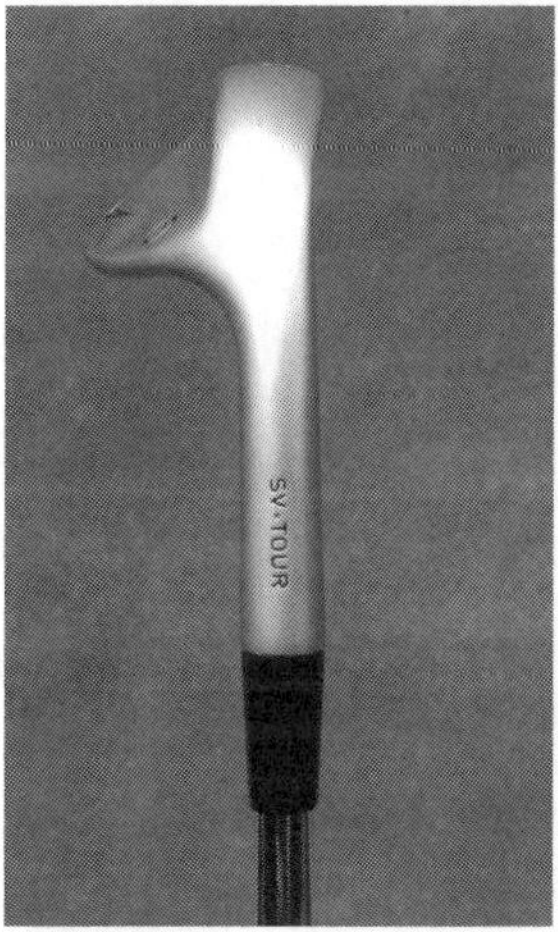

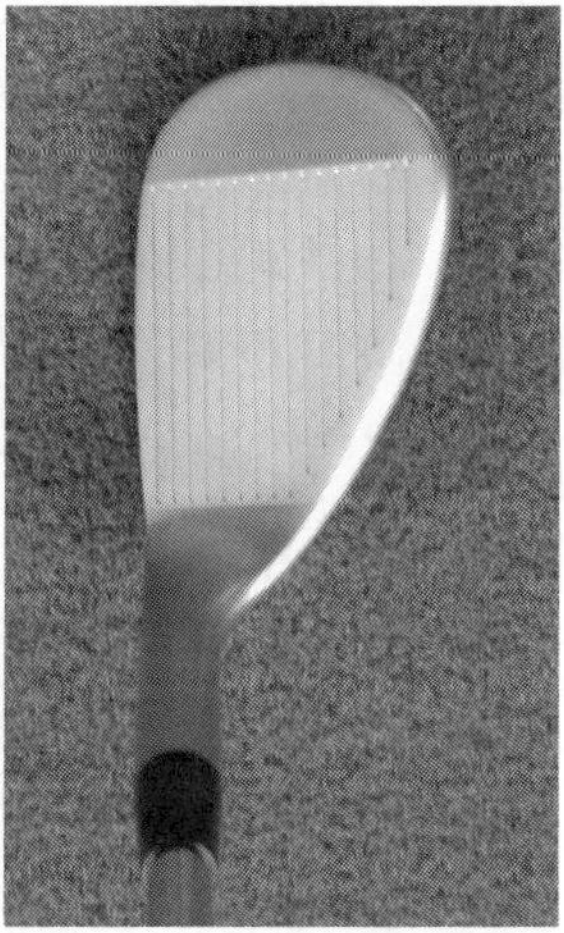

ポケットのような包み込むイメージはありません。

【リーディングエッジ】

やや打ち込んでフェースの上部でボールをとらえると非常に打感がいいことから、高重心のサンドウェッジといって間違いありません。ＦＰはそれほど大きくありませんが、リーディングエッジをスパッとシャープに入れるイメージが出しやすいタイプです。また、ソールの削り方を工夫しているせいか、滑らせて使うこともできるため、幅広いゴルファーが扱えるサンドウェッジといえるでしょう。

【面取り】

幅広な面取りにしてあるわけではありませんが、全体にラウンドしているため、ヌケは抜群です。

ミズノ MP T シリーズ

リーディングエッジがシャープで上級者向き

ミズノ MP Tシリーズ〈SPEC〉
- ヘッド素材／マイルドスチール（S25C）
- ロフト角（バウンス角）／51（6）、53（8）、56（14）、58（10／14）、60（8）度
- シャフト／ダイナミックゴールド
- 長さ（56度）／35.25インチ

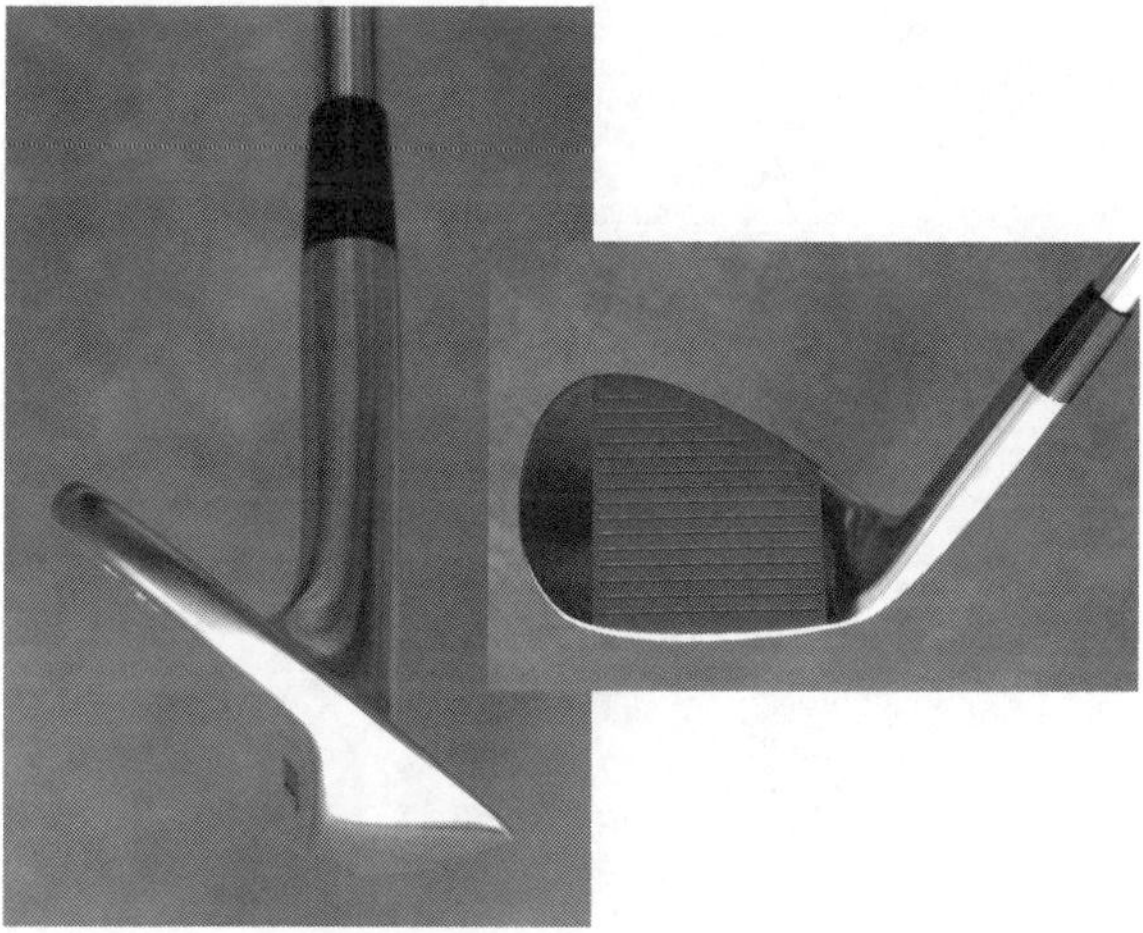

【ソール】

ソールはフラットな面もかなりありますが、リーディングエッジがシャープなため、技術のない初級者などが使うとダルマ落としのようにヌケてしまうことがあるでしょう。タイプとしてはソールを滑らせるのではなく、エッジを入れていくゴルファーにマッチします。要するに、技術レベルの高い人が使ってこそ威力を発揮するウェッジで、そういう人にとっては繊細なタッチが出せて最高の武器になるでしょう。

【顔】

ティアドロップ形状とグースネック形状の中間といった顔つきで、つかまりがいい印象を受けます。また、フェースを開いたときでも顔の印象が

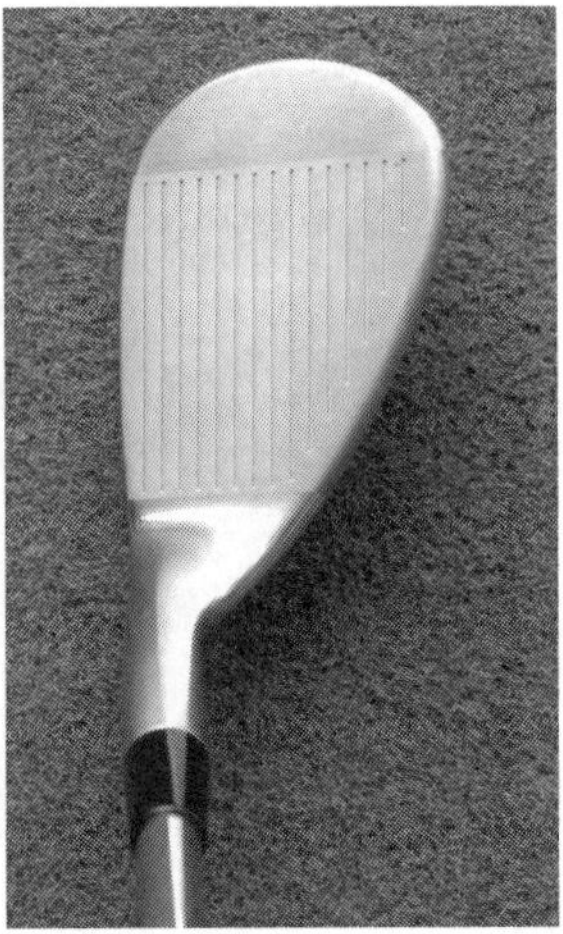

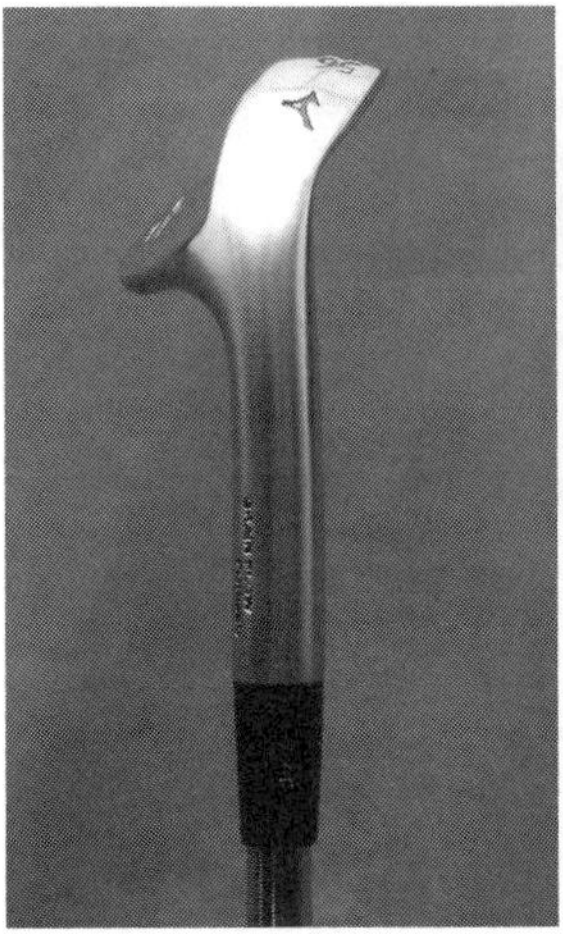

変わらないため、構えやすい部類に入るでしょう。

【リーディングエッジ】

リーディングエッジが薄いため、エッジ高さは低めです。そして、エッジ高さが低いのでボールの最下端付近に歯が入りやすく、明らかにエッジタイプの人に合うモデルです。ある程度、技術のある人にとっては扱いやすく、さまざまなショットに対応できますが、月イチゴルファー程度の技術だと、デリケートなタッチを要求されます。

【面取り】

面取りが少ないため、リーディングエッジが薄く、シャープなウェッジです。エッジでボールを拾える人にマッチします。

テーラーメイドZ TPウェッジ

使い手を選ばない
やさしいウェッジの代表格

テーラーメイド Z TPウェッジ〈SPEC〉
●ヘッド素材／304SS
●ロフト角（バウンス角）／52（8）、54（10）、56（12）、58（8）、60（6）度
●シャフト／①NS PRO 950GH
②ダイナミックゴールド
●長さ（56度）／①②34.75インチ

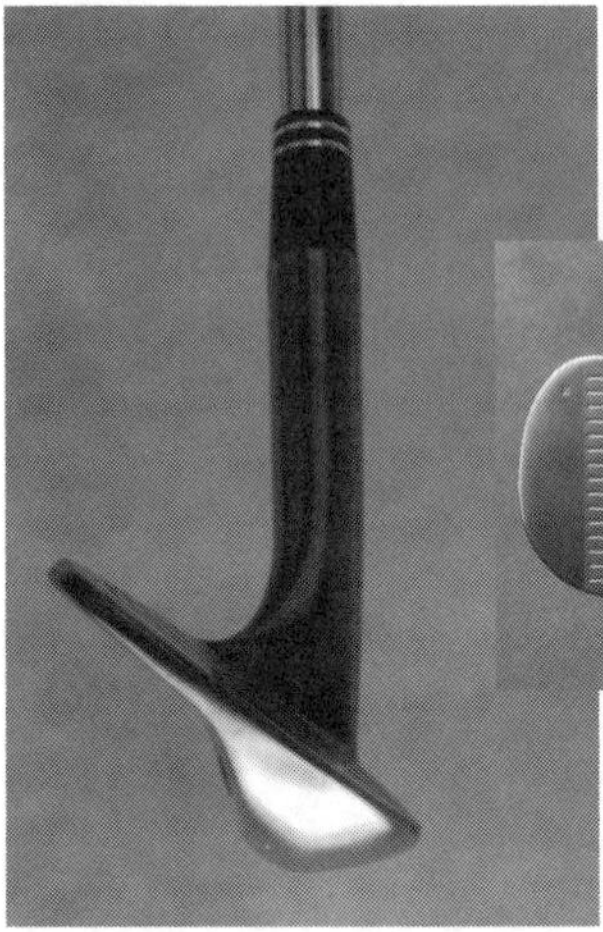

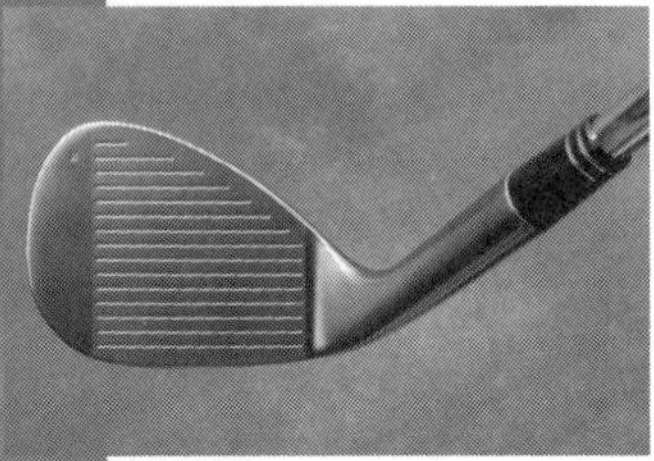

【ソール】

ソールは全体に丸みがあって、ヌケのよさを感じさせます。ソールを滑らせにいくと、丸みが強い分、不安定な印象を受けるかもしれません。そのかわり、ヌケのよさは抜群で、ザックリする心配はまずありません。つまり、ヌケのよさを全面に打ち出した比較的やさしいウェッジといえ、初心者でも安心して使うことができます。

【顔】

塗装色のせいもあって、かなり小振りな顔のウェッジです。小振りな割に、あまりシャープに見えないので、エッジをスパッと入れる感じはありません。ソールを滑らせて使う人にとっても、かなり丸みが強いので、若干不安に思うかもしれま

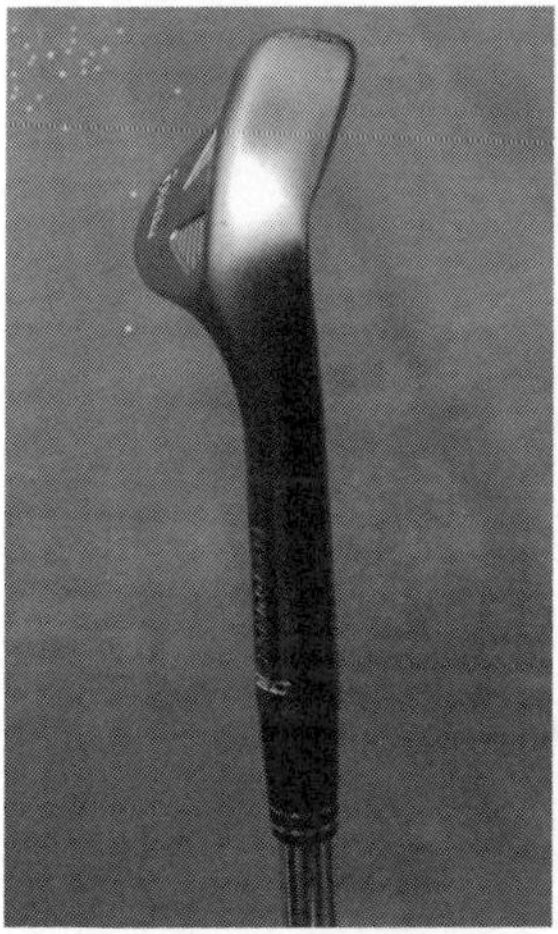

せん。適しているのは、オートマチックに面だけを使ってアプローチを打つ人や、アイアンの延長でウェッジを打ちたいと考えている人でしょう。

【リーディングエッジ】

エッジ高さが高く、エッジは浮いていますが、それほど不安感はありません。小顔でややグースネックに見えるせいでしょう。

【面取り】

面取りの幅が非常に広く厚みがあり、ヌケのよさを重視した造りということが見て取れます。これだけ幅広く面取りをしてあることから、ミスが出にくいやさしいウェッジだといえます。

ツアーステージ Vウェッジ

アベレージゴルファーに
ピッタリのやさしさが満載

ブリヂストン ツアーステージ Vウェッジ〈SPEC〉
●ヘッド素材／ニッケルクロムモリブデン鋼
●ロフト角（バウンス角）／50（8）、56（14）度
●シャフト／①Vi－WEDGE
②NS PRO 950GHウエイトフロー
●長さ（56度）／①35.5②35.25インチ

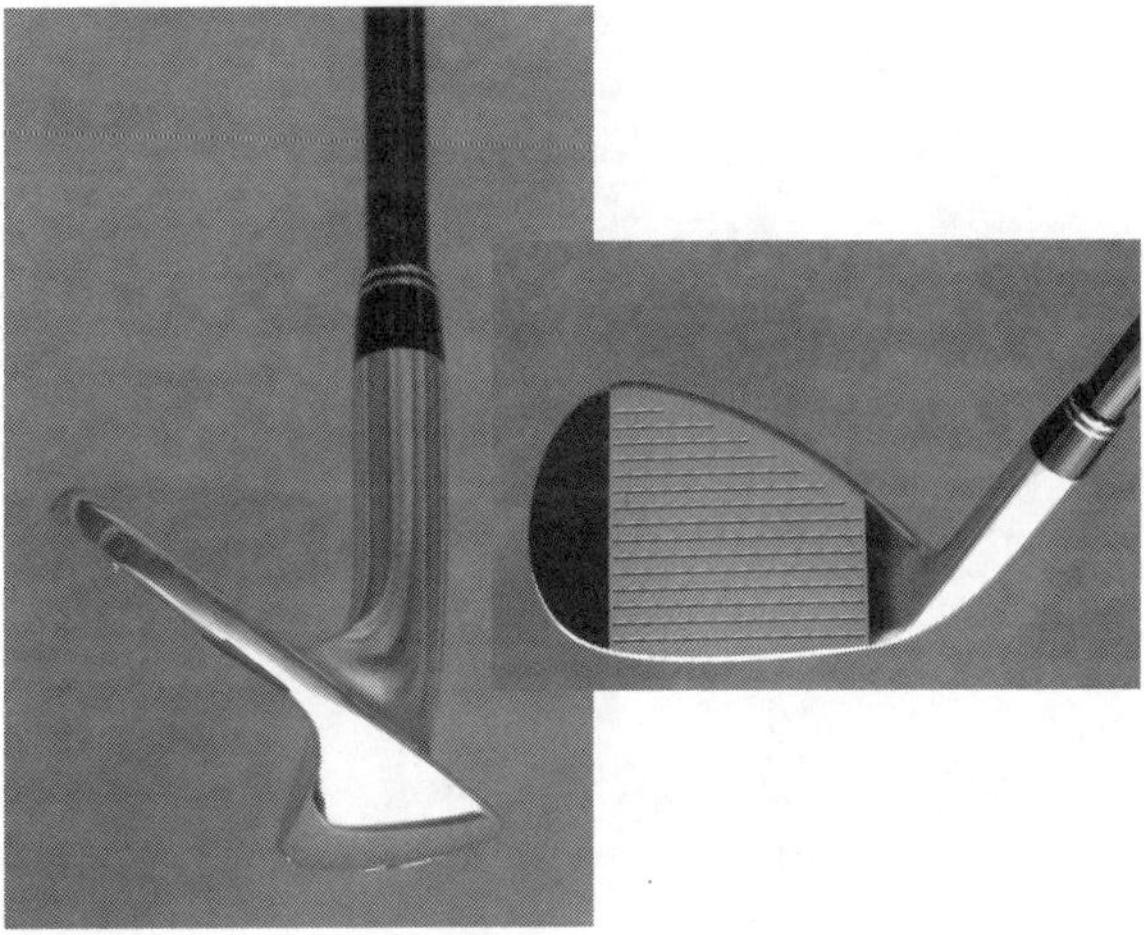

【ソール】

これは他のウェッジと違って、完全にアマチュア向けのモデルです。ソール幅も、面取り幅も広いので、いわばダブルソールになっています。こういったソールは神経質にスイングしなくても、勝手にソールが滑るので非常にやさしいモデルといえます。つまり、ソールから入れても、リーディングエッジから入れても滑ってくれるため大きなミスにならず、ラクにゴルフをしたい人には持ってこいのタイプです。逆にいえば、クラブをコントロールして、さまざまなショットを打ちたい人には物足りないでしょう。

【顔】

ＦＰの小さい、グースタイプの顔つきで、つか

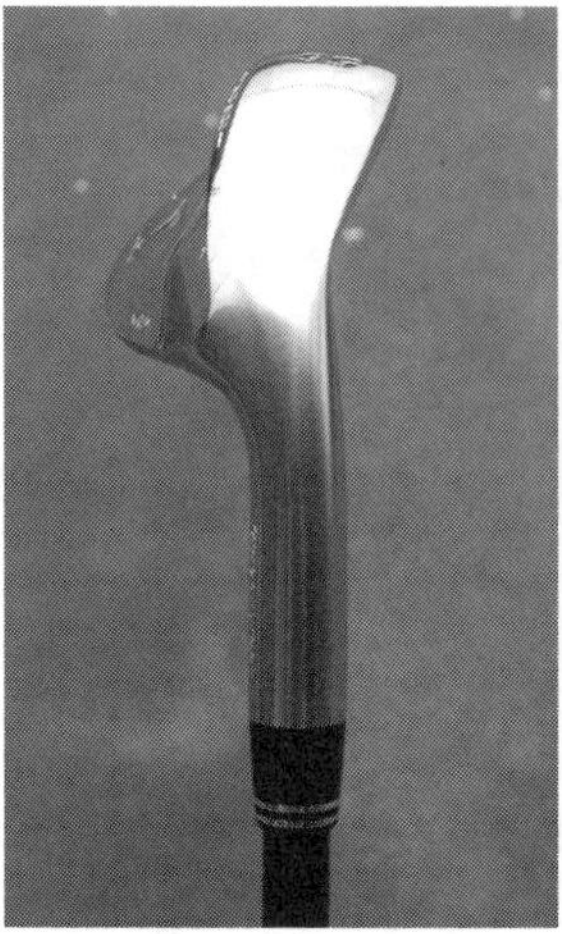

まりのよさを感じさせます。また、ネックも短めなので重心位置が低く、高い球が出やすい造りです。アイアンのスイングで打っても、ソールが滑るようにデザインされているので、オートマチックスイングのゴルファーには最適でしょう。

【リーディングエッジ】

エッジ高さはそれなりにありますが、面取り幅が広いので、リーディングエッジから地面と接触しても、滑ってくれるためザックリなどのミスが出にくいウェッジです。

【面取り】

面取りの幅が広く、アバウトにヘッドを入れてもザックリする心配のないやさしいサンドウェッジです。

フォーティーンMT28 V4

エッジ派もソール派も使える高機能モデル

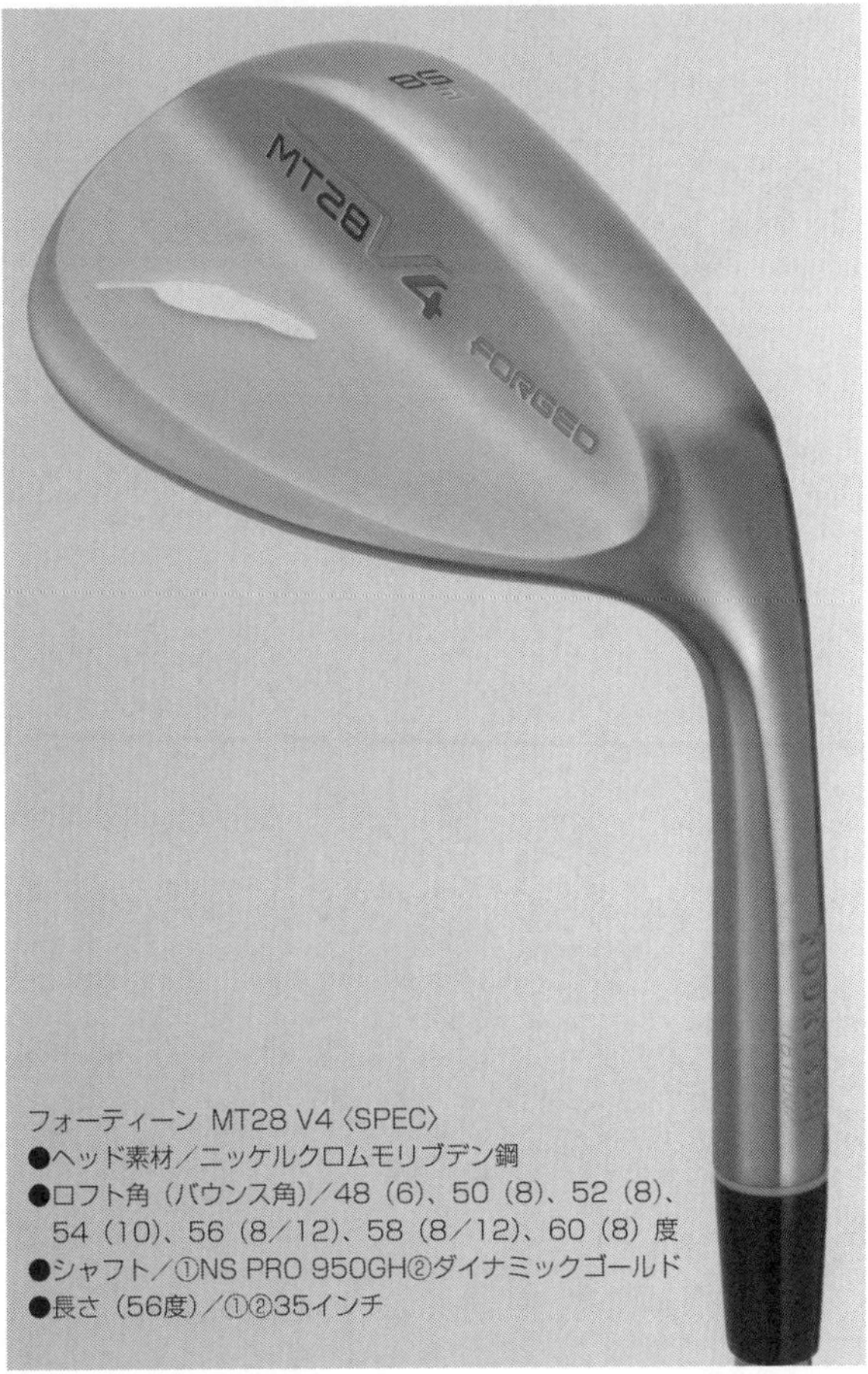

フォーティーン MT28 V4〈SPEC〉
●ヘッド素材／ニッケルクロムモリブデン鋼
●ロフト角（バウンス角）／48（6）、50（8）、52（8）、54（10）、56（8／12）、58（8／12）、60（8）度
●シャフト／①NS PRO 950GH②ダイナミックゴールド
●長さ（56度）／①②35インチ

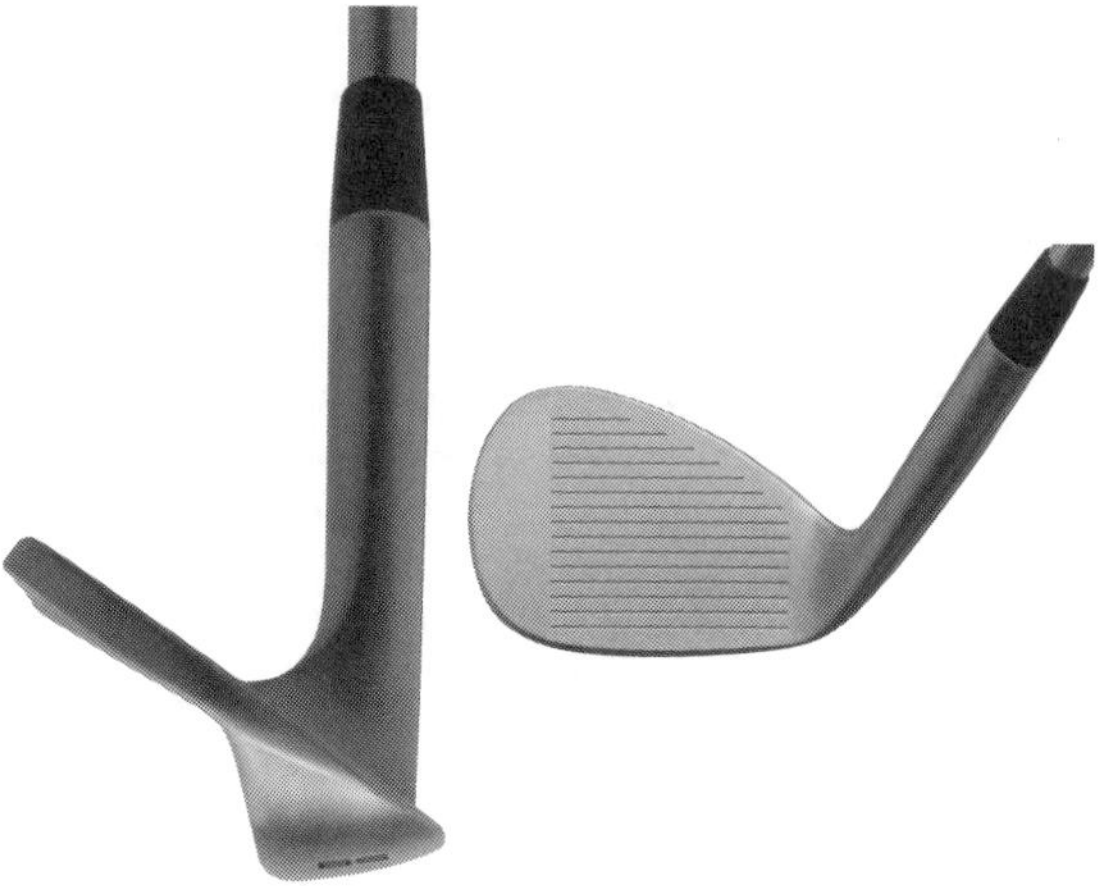

【ソール】

ソール中央部のフラット面からトゥヒール方向に丸みをつけているので、スピード感もヌケもいいウェッジです。ソールの肉厚部分を最小限にして、バックフェースの中央部を薄肉化しています。そこからトップエッジに向けて、逆テーパー状に厚みを持たせているのが特徴です。同時に、ネックを長くして重心位置を高めにしています。全体の重量配分に長けているせいか、ヘッドが暴れず狙ったところにエッジが入れられる感じがします。

【顔】

やや小顔でネックが長いのでシャープな印象ですが、ネックからリーディングエッジがストレートにつながるティアドロップ形状なので、ボール

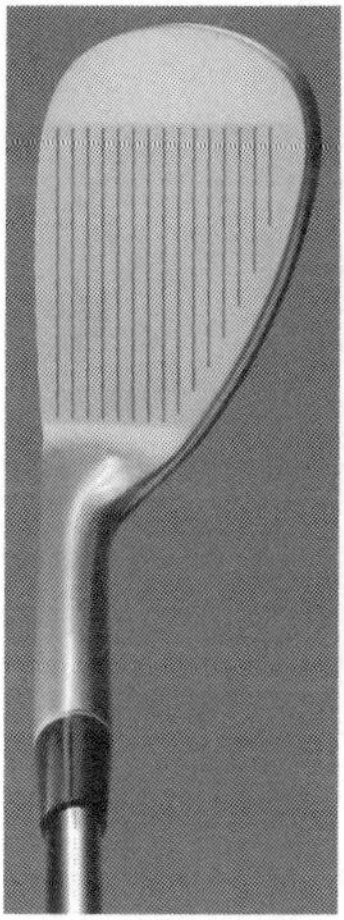

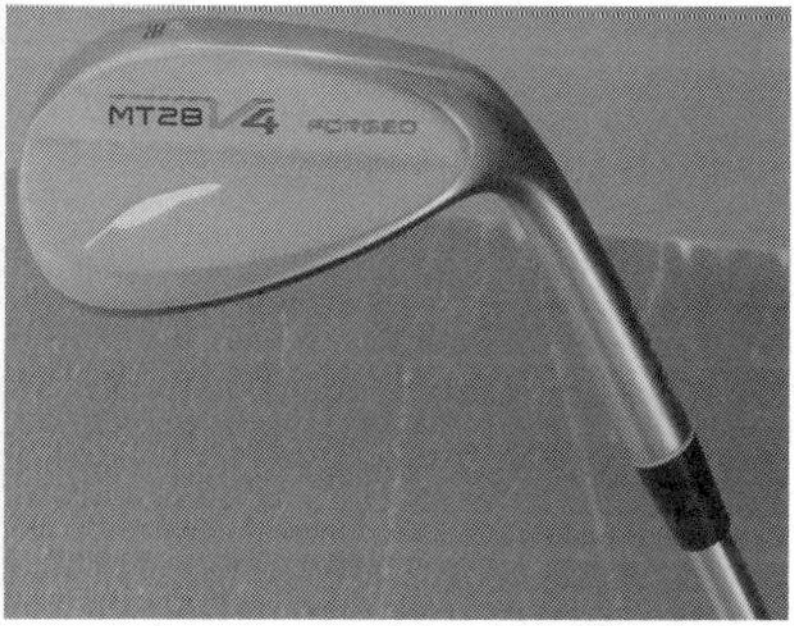

を拾うイメージがあります。

【リーディングエッジ】

ソールの形状やバウンス角の割に、リーディングエッジの浮き上がり感はありません。そういう意味ではシャープに打ち込んでもヌケるし、滑らせても安定感があるといえます。

【面取り】

緩やかな角度で面取りが入っているので、打ち込むときのヌケもよさそうです。特筆すべき点はフェースが上を向く挙動がないので、意図しなくてもロフトよりやや抑えた高さで、よくスピンの利いたアプローチが打てます。そういう意味では60度のモデルも使いやすいでしょう。

あなたの打ち方がクラブを決める

近年のスタンダードといえるサンドウェッジ8機種を、本書のテーマの核である「ソール」「顔つき」「リーディングエッジ」「面取り」の視点から紹介しました。どのサンドウェッジにもそれぞれ特徴があり、また、ソール派、エッジ派によって合う、合わないという相性が存在することがわかったと思います。

あなたにピッタリの1本を見つけるには、紹介する数が少なすぎるかもしれませんが、「ソール」「顔つき」「リーディングエッジ」「面取り」はサンドウェッジを選ぶうえで、欠かすことのできない普遍性を持ったポイントです。

いずれのメーカーも、ここに挙げたポイントを踏まえて設計し、さらにオリジナリティを加えてゴルファーの要求、欲求に応えようとしています。

サンドウェッジはパター同様、かなりデリケートなクラブなので、自分にピッタリ合った1本を見つけるのは容易なことではありません。しかし、基本的な構造やデザインの意味を知っていると、購入時に必ず役立つことでしょう。

おわりに

ベン・ホーガンという偉大なプレーヤーが時を超えて、我々に遺してくれたゴルフ技術の王道をベースに、サンドウェッジとはどういうクラブなのか、そして、どう使うとその性能をいかんなく発揮できるのかを紹介してきましたが、いかがだったでしょうか。

道具を使うスポーツはたくさんありますが、14本もの道具を使い分けるのはゴルフだけです。つまり、14本それぞれの特性を引き出すスイングと技術を身につけることが、上達への近道であり、また、それを身につけることでゴルフというゲームの幅が広がり、より一層楽しめるのです。

本書をご覧になったあなたは、きっと、そのことに気づいたはず。早速、明日からクラブの特性を活かす技術に邁進してください。

永井延宏

参考文献

『モダンゴルフ』（ベン・ホーガン［著］、塩谷紘［訳］／ベースボールマガジン社）
『ベンホーガンがモダンゴルフで明かさなかった秘密』（ジョン・アンドリザーニ［著］、前田俊一［訳］／阪急コミュニケーションズ）
『モダンゴルフ徹底検証』（デビッド・レッドベター［著］、塩谷紘［訳］／ベースボールマガジン社）
『パワーゴルフ』（ベン・ホーガン［著］、北代誠弥［訳］／大日本雄弁会講談社）
『ザ・エンサイクロペディア・オブ・ゴルフ』（マルコム・キャンベル［著］、塩谷紘［訳］／新星出版社）
『ゴルフファンダメンタルズ』（陳清波、永井延宏［著］／ゴルフダイジェスト社）
『陳清波 ゴルフの芯！』（陳清波［著］／ゴルフダイジェスト社）

青春新書
PLAYBOOKS

人生を自由自在に活動《プレイ》する

人生の活動源として

いま要求される新しい気運は、最も現実的な生々しい時代に吐息する大衆の活力と活動源である。

文明はすべてを合理化し、自主的精神はますます衰退に瀕し、自由は奪われようとしている今日、プレイブックスに課せられた役割と必要は広く新鮮な願いとなろう。

いわゆる知識人にもとめる書物は数多く窺うまでもない。

本刊行は、在来の観念類型を打破し、謂わば現代生活の機能に即する潤滑油として、逞しい生命を吹込もうとするものである。

われわれの現状は、埃りと騒音に紛れ、雑踏に苛まれ、あくせく追われる仕事に、日々の不安は健全な精神生活を妨げる圧迫感となり、まさに現実はストレス症状を呈している。

プレイブックスは、それらすべてのうっ積を吹きとばし、自由闊達な活動力を培養し、勇気と自信を生みだす最も楽しいシリーズたらんことを、われわれは鋭意貫かんとするものである。

―創始者のことば― 小澤和一

読者のみなさんへ

　この本をお読みになって、特に感銘をもたれたところや、ご不満のあるところなど、忌憚のないご意見を当編集部あてにお送りください。

　また、わたくしどもでは、みなさんの斬新なアイディアをお聞きしたいと思っています。「私のアイディア」を生かしたいとお思いの方は、どしどしお寄せください。これからの企画にできるだけ反映させていきたいと考えています。

　なお、お寄せいただいた個人情報は編集企画のためにのみ利用させていただきます。

青春出版社　編集部

ゴルフ上達《じょうたつ》のカギを握《にぎ》る
超《ちょう》ウェッジワーク

青春新書 PLAYBOOKS

2008年10月20日　第1刷
2011年8月5日　第5刷

著者　永《なが》井《い》延《のぶ》宏《ひろ》

発行者　小澤源太郎

責任編集　株式会社 プライム涌光
電話　編集部　03(3203)2850

発行所　東京都新宿区若松町12番1号 〒162-0056　株式会社 青春出版社
電話　営業部　03(3207)1916　振替番号　00190-7-98602

印刷・中央精版印刷　製本・ナショナル製本

ISBN 978-4-413-01896-8

永井延宏のゴルフ超シリーズ

青春新書 PLAYBOOKS

ISBN978-4-413-01888-3　本体952円

ゴルフ コース戦略の超セオリー

いまの技術で確実に10打縮まる!

「読むだけ」の最短スコアアップ術

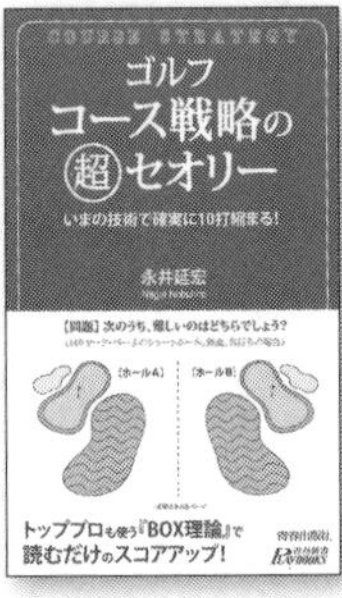

ISBN978-4-413-01884-5　本体952円

ゴルフ超インパクトの法則

力を100%飛びに変える

正しく当たれば飛距離はあと20ヤードアップする!

お願い　ページわりの関係からここでは一部の既刊本しか掲載してありません。折り込みの出版案内もご参考にご覧ください。

※上記は本体価格です。（消費税が別途加算されます）
※書名コード（ISBN）は、書店へのご注文にご利用ください。書店にない場合、電話または Fax（書名・冊数・氏名・住所・電話番号を明記）でもご注文いただけます（代金引替宅急便）。商品到着時に定価＋手数料をお支払いください。
〔直販係　電話03-3203-5121　Fax03-3207-0982〕
※青春出版社のホームページでも、オンラインで書籍をお買い求めいただけます。ぜひご利用ください。〔http://www.seishun.co.jp/〕